세계 창업 방랑기

3년 78개국이 알려준
돈의 달고 쓰고 짠맛

세계
창업
방랑기

정윤호 지음

꿈지락

프롤로그

내 삶은 실패의 연속이다. 내 여행 또한 실패와 거절의 연속이었다. 읽어보면 알겠지만 대박 성과를 낸 경험은 드물다. 수많은 실수와 실패로 가득 차 있다. 그러한 과정 속에서 만난 특별한 사람들의 이야기로 내 여행은 채워졌다.

한국에 돌아와서도 마찬가지였다. 살아가기 위해 다양한 일을 시도했지만 상당수는 좋은 끝을 보지 못했다. 그래도 살아가라는 것인지 어쩌다 한 번 실낱 같은 희망이 보일 때가 있다. 이 책은 내게 있어 실낱 같은 희망이었다. 내 이야기를 누군가에게 들려주고 싶었다. 인생이 꼬이는 것 같다가도 풀리는 삶, 죽고 싶다가도 살고 싶어지는 삶, 때론 모든 것을 포기해버리고 싶은 삶 그렇게 고군분투하며 인생여행을 하며 살아가는 이야기를 들려주고 싶었다. 나도 이렇게 살아가고 있고 당신도 그렇게 살아가고 있으니 '우리 한번 힘을 내봅시다!'라고 응원해주고 싶었다.

분명 올해에도 수많은 실패들이 나를 기다릴 것이다. 그럼에도 목표가 있다. '부업으로 2년 안에 서울에서 내 집 갖기'라는 프로젝트를 진행하고 있다. 이뤄가는 과정은 나를 실연에 빠지게 하고 낙담하게 할 것이지만 그럼에도 도전을 멈추지 않는다. 지루한 인생만큼 잔인한 삶은 없기 때문이다. 그래서 올해도 바지춤을 치켜올리고 운동화 끈을 단단히 메고 달려 나간다. 중력을 거슬러 올라가는 한 마리 새의 날갯짓처럼 세상에 순응하지 않고 살아갈 것이다. 이렇게 평생 열심히만 사는 삶을 살아갈지도 모른다. 어쩌면 평생 기회가 오지 않을 수도 있다. 하지만 살아 있다는 자체만으로도 큰 기회를 얻은 것인지도 모른다.

긴 여행을 했다고 해서 내가 크게 변한 것 같지는 않다. 그래도 몇 가지 느낀 점이 있다. 목적이 있어도 목적이 없어도 되는 것이 삶이다. 하물며 인생에 비하면 짧은 여행에 목적이 없다고 해서 잘못된 것은 아니다. 때론 내가 하는 것에 이유가 없을지도 모른다. 굳이 이유를 찾을 필요도 없다. 일이 하고 싶지 않을 때도 있고 살고 싶지 않을 때도 있다. 내 인생은 늘 이상하게 꼬여만 가는 것 같을 때도 있다. 어쩌면 어제는, 그래도 오늘은, 혹시나 내일은 살아가다 보면 분명 즐거운 날들이 기다리고 있을 것이다.

"때론 사상가처럼 깊이 생각하고 때론 혁명가처럼 행동한다."

이 명제가 내 좌우명이다. 좌우명을 새기고 그렇게 살아가려 하다보니 내 인생에는 수많은 이야기들이 있다. 그리고 즐거운 날들이 더 많았다는 것을 알게 되었다. 나를 기다리고 있을 처절한 인생 활극은 살아가고 있음을 느끼게 해주고 즐겁게 해줄 것이다.

사랑하는 사람들의 사랑을 삼키며 자라온 나를 사랑해준 사람들에게 이 책을 바친다. 먼저 떠난 이에게는 다시 만날 날을 기약하고 함께 살아가는 이에게는 웃으며 살아가자고 손 잡을 것이다.

차례

1장
돈의 단맛

2장

돈의 쓴맛

3장
돈의 짠맛

1

돈의 단맛

멕시코 MEXICO

—

내 인생에서
3년 쉬는 건
아무것도 아니다

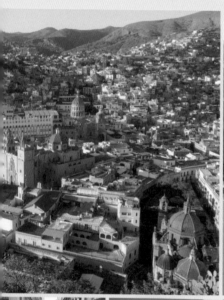

좋아하는 게 많아질수록 더 행복해진다

시원한 바람이 부는 에메랄드 빛 바다 그리고 수영을 즐기는 여행자들, 그야말로 환상적인 곳이다. 칸쿤Cancun에서 멕시코 여행이 시작되었다.

칸쿤은 신혼여행지로 유명하다. 명성만큼 로맨틱하고 환상적인 곳이다. 이곳에 오니 없던 로맨스도 생길 것 같은 기분이 든다. 그런데 로맨스는 뭐니뭐니해도 머니가 필요하다. 이곳은 돈을 쓰지 않을 수 없게 만들어놓았다. 이렇게 비싸고 화려한 여행지는 잠시 거쳐가는 곳이다. 나와 같은 배낭여행자는 오히려 플라야 델 카르멘Playa del Carmen이 더 잘 어울린다. 플라야 델 카르멘은 칸쿤과 마찬가지로 소비의 도시이긴 하지만 전체적인 분위기가 좀 더 만만하달까?

해변을 걷는데 친구에게서 전화가 왔다. 평소에 연락도 하지 않는 녀석이 웬일로 전화를 다 했다. 일을 마치고 술을 한잔하니 새벽 4시란다. 내게 부럽다는 둥 언제 돌아올 거냐는 둥 푸념이 쏟아진다. 지금도 자리 잡기에는 늦은 나이인데 언제 올 거냐고 묻는다. 돌아가야 할 것 같은 조급함이 있지만 당장은 조금 더 놀고 싶다고 말했다.

한국 사회의 기준으로 보면 여행만 다니기에 나는 늦은 나이다. 그렇지만 이제는 조금 알 것 같다.

내 인생에 3년, 혹여나 버려질지라도
그것은 아무것도 아니다.

여행을 하며 좋아하는 것들이 전보다 더 많아졌다. 무더위를 잊을 수 있는 바다를 좋아하게 되었고, 싫어했던 겨울의 알싸한 추위도 어느샌가 미운 정이 들어버렸다. 열대 과일의 달콤한 맛을 음미하거나 시시각각 변하는 하늘도 감상하게 되었다. 심지어 평소라면 무심히 지나치던 것들도 관찰하게 된다. 신기한 건 좋아하는 게 많아질수록 점점 더 행복해진다는 것이다. 좋아지는 게 많아질수록 행복할 이유가 많아지고 이것저것에 관심이 생기니 경험과 이야깃거리가 늘어난다.

이런 내 모습을 이해하지 못하는 친구가 있는가 하면 생각이 너무 앞서나가 있는 거 아니냐며 부러워하는 친구도 있다. 솔직히 말하면 헛발에 미끌려 나온 왼발의 실수다. 어쩌다보니 낯선 곳에 와 있다.

플라야 델 카르멘에서 한 시간 거리인 툴룸Tulum에 도착하

카리브해를 보기 위해 칸쿤으로 몰려든 여행자.

자 마음의 평온이 찾아왔다. 사람이 없는 한적함이 좋다. 칸쿤
과 플라야 델 카르멘은 여행자들이 정말 많다. 그 정도로 매력
적인 여행지니까. 먹고 마시고 즐기는 모든 것들이 한곳에 즐비

하다. 반면 여행지에서 조금 벗어난 툴룸은 한산하다. 마치 시골 작은 마을에 온 것 같다. 이곳에서는 주로 세노테 투어를 한다. 세노테는 멕시코와 과테말라 지역에서 석회암 암반이 함몰되어 지하수가 드러난 천연 샘을 말한다.

다음 날 조식을 먹고 가방을 꾸렸다. 오늘을 위해 전날 스노클링 세트를 사뒀다. 장비를 챙긴 뒤 자전거를 빌려 툴룸 유적지로 향했다. 반갑게도 태양이 뜨겁다. 이럴 줄 알고 선크림도 사뒀다. 이미 피부는 햇빛에 노출될 만큼 되었지만 더 이상의 노화를 지켜볼 수만은 없어 구매했다. 자전거를 기둥에 묶어두고 툴룸 유적지로 입장했다. 거대한 돌로 쌓아올린 건축물을 보며 이 뙤약볕에 고생이 많았겠다는 생각이 들었다. 지금은 마야인을 대신해 악어만 한 이구아나들이 건물의 주인인 양 유적지를 지키고 있다.

유적지 관광을 마치고 페달을 굴러 그란 세노테로 향했다. 팔 위에 땀들이 송글송글 맺혔다. 시원한 천연 샘물에 몸을 담그겠다는 일념 하나로 페달을 밟고 밟았다. 그리고 드디어 세노테

Tip!

추천하는 멕시코 여행지 TOP 10은 다음과 같다. 산속에 담긴 알록달록한 마을 과나후아토Guanajuato, 세노테 천국 툴룸, 아즈텍의 도시 멕시코시티Mexico City, 에메랄드 빛 호수가 있는 바칼라르Bacalar, 바로크식 아름다움을 보여주는 푸에블라Puebla, 여행자들의 지상낙원 플라야델 카르멘, 축제와 음식의 도시 와하카Oaxaca, 중세풍의 아름다운 골목을 가진산 미겔 데 아예덴San Miguel de Allende, 아름다운 카리브 해변을 갖고 있는 칸쿤, 서정적 마을 산크리스토발이다.

로 도착해 뛰어들었다. 세상에 이런 곳이 또 있나 싶을 정도로 아름답다. 세노테와 연결된 동굴은 그 깊이를 알 수 없어 무섭기까지 하다.

이튿날은 하루 종일 침대에 널브러져 있었다. 행복하다. 아무것도 하지 않고 있는 지금이 너무 행복하다. 그래! 내 인생에서 3년, 그건 아무것도 아니다.

Winter Is Coming

어릴 적 땅따먹기 놀이를 무척 좋아했다. 돌을 세 번 튕겨 내 땅으로 돌아오면 되는 게임인데 진행할수록 점점 내 땅이 커진다. 하지만 어느 순간 한계에 부딪친다. 왜냐하면 경쟁자의 땅도 함께 커지기 때문이다. 시장도 마찬가지다. 자신의 가게를 키운다 해도 어느 정도 제한되는 것이 시장이다. 상대의 가게 상권과 맞닥뜨리는 순간 경쟁이 불가피하다.

이곳에서도 작은 지역에 민박이 있는데도 또 민박집을 개업해 싸우는 것을 보았다. 시장이 충분히 커지기 전 난립한 동종 업계는 오히려 시장을 망치게 한다. 시장 크기가 작은 상황에서 경쟁이 이루어지다보니 두 곳 모두 경영난에 허덕이게 된다. 운이 좋게 주변 상권으로 시장이 커지면 좋겠지만 그렇지 않은 경우에는 '치킨런 게임'이 시작된다.

치킨런 게임은 가격 경쟁을 뜻한다. 한 가게에서 프로모션을 통해 현재의 상품 가격을 낮추면 상대편 가게는 더 낮추게 되고 점차 더 가격 경쟁이 치열해지고 멈출 수 없게 된다. 결국 이것은 양쪽 모두 출혈 경쟁에 돌입하는 것이다. 미국 드라마 〈왕좌의 게임〉에서 존 스노우가 이 상황을 봤더라면 "Winter Is Coming"이라고 외쳤을 것이다. 한국어로 의역하자면 "단디 챙기라"다.

끝까지 버틴 사람이 기존의 시장을 차지하게 될 것이다. 하지만 출혈은 여전히 남아 있다. 승자 없는 싸움은 이런 상황을 두고 말하는 것이다. 심지어 앞선 두 곳의 출혈 경쟁으로 기존 시장의 흐름이 깨질 수도 있다. 이럴 경우가 참으로 암담한 상황이다. "적당히 지키면서 합시다"라고 말하고 싶지만 시장은 이렇게 살아 움직인다. 시장의 습성이란 돼지 뒷다리살 한 점을 뜯어 먹기 위해 달려드는 피라냐 같은 것이다.

동전을 넣는 순간 천당과 지옥을 오가다

나름대로 해외 창업을 콘셉트로 한 여행이다보니 자주 '돈' 생각을 한다. 돈을 벌려면 회사에 취직하거나 금수저를 물거나 공부를 열심히 해서 좋은 직업을 갖거나… 방법은 대체로 저렇지만 이런 것을 뛰어넘는 한 가지가 있다. 바로 운이다. 산크리스토발San Cristobal에서 나의 행운을 시험대에 올려보았다.

이곳에는 큰 재래시장이 있다. 메뚜기 튀김과 개미 볶음 한줌을 손에 쥐고 시장을 돌았다. 미로처럼 복잡하고 크다. 노점을 하는 부모를 따라 나선 아이들도 많이 보인다. 그들 중 일부는 신발조차 신지 못하고 있어, 보는 마음이 아프다. 또 다른 한쪽에는 오락실에서 노는 아이들이 있다. 단순한 오락이 아닌 파친코 게임이다. 1페소(약 60원)를 넣고 돈 놓고 돈 먹는 게임이다. 홍콩 느와르를 섭렵하며 자란 시네마 키드로서 도박장을 그냥 지나칠 수 없었다.

인생은 도박이고 파친코를 지나치는 건 예의가 아니다.

도박장 열기에 이끌려 문턱을 넘어섰다. 1페소로 시작했다.

◀ 경쟁자 없이 여치를 조리해 파는 사람.
▶ 곤충 볶음.

진정한 프로 겜블러는 촌스럽게 돈을 쌓아놓고 게임하지 않는다. 몇 판 돌리고 나니 하나였던 동전이 여섯 개가 되어 손에 들려 있었다. 기분 좋게 동전을 손안에서 굴리며 오락실을 나왔다. 여기까진 좋았다.

다음 날, 김유신의 말처럼 내 발은 다시 오락실로 향했다. 말의 목을 자른 김유신 장군만큼 굳은 결의가 없었기에 발길을 따랐다. 1페소짜리로 환전을 해서 19페소(약 1,200원)를 마련했다. 그리고 머신 몇 대를 동시에 돌리기 시작했다.

얏호! 오늘도 행운의 여신은 나에게로 왔나 보다. 두 기계에서 20베팅이 떴다. 동네 꼬마들이 비서가 된 듯 자리를 열어주고 동전을 집어줬다. 동전 20개가 쏟아져 나오는 소리는 라흐마니노프의 교향곡처럼 그 순간을 돋보이게 해주었다. 내 수발을 들던 꼬마들에게 동전을 몇 개씩 나누어주니, 모두 나에게 열광하기 시작했고 그 오락실에서만큼은 도박의 신이 되었다.

파친코에 동전을 넣고 꼬마들에게 베팅 버튼을 누르도록 주문했다. 나의 겜블링은 순식간에 기업화되었다. 서로 버튼을 누르기 위해 자원봉사자가 줄을 이었다. 나는 동전을 넣고 동전을 수거하기만 하면 됐다. 꼬마가 동전 한 닢을 넣으려고 하면 나는 그저 고개를 끄덕인다. 베팅을 걸라는 뜻이다. 파친코 기계가 경쾌한 소리를 내며 돌아간다. 어느 퍼레이드 행진곡도 이보다 경쾌하지 못할 것이다. 이렇게 아주 잠시 신이 되었다고 착각한 듯했다.

그런데 웬일! 손에 든 동전들이 모래처럼 손가락 사이를 빠져나가기 시작했다. 아무리 잡으려 움켜쥐어도 잡아지지 않았다. 저 멀리 보이는 파친코 가게 주인의 엷은 미소가 얄밉게 보일 뿐이었다. 마치 나의 운명을 알고 있었다는 듯한 표정이다.

인문학자 유발 하라리가 말한 "인간이 신을 발명할 때 역사는 시작되었고, 인간이 신이 될 때 역사는 끝날 것이다"라는 통찰을 나로 말미암아 직접 깨닫게 하리라고는 알지 못하였나이다. 순식간에 나의 역사는 끝나갔다. 썰물도 이처럼 빨리 빠지지는 않을 텐데 꼬마들은 한 명 두 명 썰물에 쓸려 나가기 시작했다. 나도 암흑 무대의 막을 내리고 빛으로 나와야 할 때임을 직감했다. 정말 도박 같은 하루였다.

파친코 오락실을
가득 메운 꼬마들.

테킬라 마을 입구.

단내 풍기는 테킬라 마을

멕시코 하면 연상되는 이미지가 몇 가지 있다. 그중에는 테킬라도 한몫을 담당한다. 멕시코산 다육식물인 용설란을 쪄서 증류한 테킬라는 이곳의 전통술이다. 누룩으로 빚은 막걸리처럼 현지인들에게 사랑받는 술이다. 막걸리는 유통기한이 짧아 세계 무대로 나가기엔 아쉬움이 있지만, 테킬라는 세계 시장에서 정열의 술로 통한다.

과달라하라Guadalajara 인근에는 테킬라Tequila라는 마을이 있다. 마을을 돌아다니다보면 달짝지근한 냄새가 침샘을 자극하는데 그 향이 테킬라 향이다. 테킬라 공장 중에서 가장 유명한 호세 쿠엘보 공장을 견학했다. 공장 앞에는 거대한 검은 까마귀 동상이 있다. 기업명인 쿠엘보는 스페인어로 까마귀란다.

테킬라가 만들어지는 공정을 구경하고 마지막 코스는 시음으로 끝이 난다. 한 잔 찰랑이게 담긴 테킬라는 방문자들의 손에서 손으로 전달된다. 강렬한 태양을 듬뿍 받은 용설란으로 만들어진 덕분일까. 그 뜨거움이 식도를 타고 심장까지 전달된다. 그래서 멕시칸들은 그토록 뜨거운 심장을 가졌나 보다.

빈 수레를 요란하게 끄는 것도 마케팅

멕시코시티는 세계적으로 손꼽히는 대도시다. 양질의 인적·물적 자원 집중되어 있다. 한국의 서울, 일본의 도쿄를 연상하면 된다. 약 2,300만 명의 인구가 사는 멕시코시티에는 각양각색의 사람들이 살고 있다. 센트로에 가면 거대한 시장이 형성되어 있는데 날을 잘못 맞추기라도 하면 발 디딜 틈이 없다.

멕시코의 아이스크림 리어카.

거리를 걷다보면 아이스크림 장수가 요란한 종소리를 내며 아이스크림을 판다. 그 소리가 들리면 맛있는 아이스크림이 연상돼 저절로 지갑을 꺼내게 된다. 아이스크림 장수에게는 수레를 요란하게 끄는 것이 광고고 마케팅이다. 손님은 오란다고 오지 않고 사란다고 사지 않기에, 리어카를 요란하게 끌며 청각 먼저 자극하는 것도 좋은 마케팅이라고 생각한다.

하지만 마케팅보다 중요한 것이 있다. 바로 내실이다. '빈 수레가 요란하다'라는 말처럼 속을 들여다보면 아무 내실이 없는 경우가 있다. 만약 소리에 현혹돼 사게 되어도 맛이 없다면 다음번에는 거들떠보지도 않게 된다. 반대로 맛 좋은 아이스크림을 파는 내실이 튼튼한 곳은 지속가능성이 보인다.

누구도 나를 재촉하지 않는 곳, 멕시코에서의 경험은 '느긋한 창업 방랑기'로 요약할 수 있을 것 같다.

페루 PERU

—

블로그에서
라마 4형제 팔기

도로를 점거 중인 마을 주민

페루 남부의 수도 쿠스코Cuzco로 가는 길에 있었던 일이다. 쿠스코로 가기 위해서는 미니버스 호객꾼들과 가격 협상을 해야 했다. 버스비는 50솔(약 17,000원)를 불렀지만 40솔(약 13,600원)에 협상을 했다.

그리고 느긋하게 눈을 뜨면 쿠스코에 도착했을 것이라는 생각을 안고 잠이 들었다. 잠에서 깨어보니 미니버스에서 사람들이 쏟아져 나오고 있었다. 파업으로 길이 막혔다는 것이다. 페루 정부와 마을 주민 간의 마찰로 마을 주민들이 도로를 점거하며 불만을 표시하는 중이었다. 자세한 속사정은 모르겠지만 오늘 안으로 쿠스코에 도착하기는 글렀다. 파업 소식을 들은 몇몇은 짐을 챙겨 무리를 이탈했다. 그리고 몇몇은 선발대를 모아 관문으로 향했다.

한참 후 선발대의 대장으로 보이는 여자가 달려오며 "고! 고우!"를 외쳤다. 거리에 쏟아져 나와 있던 사람들은 일제히 차량 안으로 탑승했다. 그런데 여전히 관문이 열리지 않았다. "무슨 일이야?" "어떻게 되는 거야?" 하며 웅성거리기 시작했다. 그때 관문이 열렸다.

모두가 환호를 지르며 즐거워했다. 그런데 그 환호의 여운이 채 가시기도 전에 두 번째 관문을 마주했다. 이미 달은 떠올랐고 배가 고파올 시간이었다. 선발대는 관문으로 향했고 남겨진 이들은 산속에서 과일을 따 먹기 시작했다. 오렌지를 닮은 과일을 먹고 아스팔트 위에 드러누웠다. 어차피 움직이는 차량은 없기에 너도 나도 드러눕기 시작했다.

태양열로 데워진 아스팔트가 등을 따뜻하게 해줬다. 무념무상에 들어 달을 보다 까무룩 잠이 들다 깨어났다. 소변이 마려웠다. 구석으로 가 볼일을 보고 있는데 행렬의 앞쪽에서부터 "바모스(가자)" "바모스(가자)"가 돌림노래처럼 이어졌다. 얼른 차량에 탑승했다. 그리고 달을 보고 소원을 빌었다.

"제발 시위대가 없게 해주세요."

그러나 소원은 이루어지지 않았다. 세 번째 관문을 만났다. 다행히 그곳에는 구멍가게들이 있어 거리로 쏟아져 나온 여행자들을 위로했다. 그런데 딱 봐도 이미 과자 가격이 몇 배로 뛴 상태다. 주인 아저씨는 싱글벙글이다. 시위로 웃는 사람은 따로 있었다. 나도 그 틈에 과자 한 봉지를 샀다. 그리고 시위대를 보

도로를 막고 시위 중인 마을 주민.

러 갔다. 시위라고 보기에는 평화로웠다. 동네 사람들이 모여서 가끔 소리를 지르고 다시 삼삼오오 모여 이야기하며 시간을 보냈다.

전해 들은 말로는 새벽 3시에 잠깐 도로 위에 놓여진 장애물을 치워줄 테니 그때 지나가란다. 깊은 새벽, 세 번째 관문이 열렸다. 비몽사몽 불편한 의자에서 잠을 설치다보니 어느덧 쿠스코가 가까워왔다.

라마를 사서 라마를 팔았네

쿠스코는 여행자들 사이에서 블랙홀로 통하는 곳이다. 마추픽추를 가기 위해 오는 곳이지만 쿠스코 자체만으로도 매력이 넘쳐 헤어나오지 못한다. 잉카 문화에 얹혀진 스페인 문화의 건축물들은 신기하고 독특하다. 쿠스코 중심에는 아르마스 광장이 있고 주변으로 여행자들을 위한 편의시설이 즐비하다. 쿠스코에 머물면서 해발 5,000미터가 넘는 알록달록 무지개 산(비니쿤카)으로, 산 위의 소금 염전 살리네라스로, 운무에 가려진 미지의 도시 마추픽추로 간다.

◀ 쿠스코의 거리 풍경.
▶ 볼 게 많았던 재래시장.

해발 5,000미터가 넘는 무지개 산.

쿠스코에 있던 9일 동안 세 번의 축제를 보았을 정도로 축제도 끊이질 않는다. 이곳에서의 시간은 언제 흘러갔나 싶을 정도로 빠르다. 이래서 많은 여행자가 쿠스코를 최고의 여행지로 기억하나 보다.

산페드로 마켓에서는 배부르게 디저트까지 먹어도 10솔(약 3,400원)이 안 된다. 형형색색의 기념품들 또한 여행자들의 관심을 끌기에 충분하다. 쿠스코의 주말 시장에는 전통 제품들이 쏟아져 나온다. 커다란 양탄자도 100솔(약 34,000원)이 안 된다. 알파카 털로 다양한 물건을 만든다. 털모자, 양말, 스웨터 심지어 라마 인형도 알파카 털로 만든다. 사람들 손에는 라마 인형이 하나씩 들려 있다. 라마 인형은 귀여워서 쿠스코에 오면 꼭 사게 되는 기념품이다. 그리고 나도 한 박스 사서 팔아보았다. 아래는 블로그에 올렸던 게시글을 정리한 것이다.

페루의 라마 4형제를 판매합니다

라마는 페루의 국기에도 들어가 있을 정도로 사랑받는 동물입니다. 다음 사진은 해발 5,000미터가 넘는 페루의 무지개 산(비니쿤카)에 가는 길입니다. 평화롭고 아름답지 않나요? 고산 지역이다 보니 한 걸음 한 걸음 떼는 것이 힘겹고 숨이 차올랐습니다. 힘겨운 저와는 대조적으로 평화롭게 풀을 뜯고 있는 알파카와 라마 무리가 시야에 들어왔는데요. 그 모습이 얼마나 평화롭던지, 그 느낌을 누군가에게 선물하고 싶다는 생각에 라마를 한국으로 보낼 생각을 갖게 되었습니다. 그래서 형제로 보이는 라마 4마리를 분양받았습니다.

무지개 산에서 만난 라마와 알파카.

라마 4형제를 분양받아 한국으로 보내려고 우체국에 왔는데요.
덩치 큰 라마들을 우체국까지 끌고 오는데 어찌나 많은 사람들이
신기한 듯 쳐다보는지 시선이 뜨겁더라고요. 장담하건대 쿠스코
에서 가장 큰 사이즈의 인형입니다. 특히나 지나가는 여성분들이
어디에서 분양받았냐고 많은 관심을 보여주셔서 분양받길 잘했
다는 생각이 들었습니다.

우체국에 도착했는데 아니 글쎄, 박스를 주문하는 사이에 녀석들
이 탈출을 시도하는 것이 아니겠습니까! 급히 박스를 내팽개치고
앞을 막아 도망치는 연유를 물어보니 무지개 산으로 돌아가고 싶
다고 울먹이는 게 아니겠습니까. 잠시 마음이 흔들려 돌려보낼까

도 했지만 겨우 겨우 달래서 한국으로 보냈습니다. 라마를 여러분의 앞마당에 풀어드리겠습니다.

페루 비니쿤카에서 뛰어 놀던 라마 4형제를 분양받으실 분을 찾고 있습니다. 동물을 사랑하는 어느 분이라도 좋습니다. 밤에 울

한국으로 보낸 라마 4형제.

페루의 정취를 느끼게 해주는 카펫.

지 않으니 아파트에 계신 분도 문제없습니다.

아! 라마 4형제로는 페루의 정취를 느끼기에 부족하신 분들을 위해 알파카 털로 직접 뜬 13인치 노트북 가방과 텅 빈 벽을 장식할 양탄자도 따로 준비했습니다. 당신의 집에 페루를 걸어두세요.

————————

페루의 자존심, 마추픽추

마추픽추 아래 있는 마을 이름은 아구아스 깔리엔떼스Aguas Calientes다. 마추픽추에 가기 위해 이곳에 도착했을 때 그냥 지나치기엔 너무 아름다운 마을이라는 생각이 들었다. 마을 옆에는 우루밤바 계곡이 있다. 마추픽추에 올라서면 마을 전체도 조망할 수 있고, 산을 휘감아 도는 우루밤바 강도 보인다는 말에 마추픽추를 오르기로 결심했다.

산행 당일, 일행이 먼저 일어나 새벽 4시에 내 어깨를 툭툭 쳤다. 긴장하며 잔 탓인지 리볼버 해머보다 빠르게 노리쇠를 치듯 허리를 튕겨 일어났다. 옷을 주섬주섬 입고 마추픽추로 올라가는 다리에 도착했다. 어둠 속에서 앞사람의 자취를 쫓아 오르다보니 어느덧 어둠이 걷혔다. 등골에는 이미 땀이 흐르고 있었다. 한 시간 정도 걸려 마추픽추 입구에 도착했다. 새벽안개처럼 몸에서는 운무가 피어올랐다.

마추픽추를 돌아다니며 느낀 점은 관리가 철저하다는 것이다. 페루의 자존심이라 할 만하다. 뛰어도 안 되고 점프를 해도 안 된다. 곳곳에는 칫솔로 벽돌 사이를 청소하는 사람들이 보인다. 이 높은 곳에 작은 도시가 있다는 것도 놀랍지만 주변으로

이곳이 마추픽추!

보이는 자연경관도 더없이 아름답고 놀랍다.

오후 3시까지 마추픽추를 보고 산 아래로 향했다. 오르는 것
보다는 덜 힘들었지만 시간은 오히려 길게 체감되었다. 산 아
래에 도착해서 일행들과 함께 우르밤바 계곡물에 발을 담갔다.
영혼까지 시원해지는 기분이다. 아무래도 하루 더 이곳에 머물
러야겠고 결심했다.

그렇게 마지막 투어 날에 일정에서 벗어나 혼자 마을에 머물
렀다. 은은하게 불 켜진 가로등과 계곡 물소리는 마음을 포근하
게 했다. 스쳐 지나치기에는 아쉬운 곳이다. 일행들은 이미 쿠
스코로 떠났지만, 맑게 떠오른 달빛을 조명 삼아 아구아스 깔
리엔떼스를 걸어 다녔다. 시간이 흐르는 것이 아쉬운 밤이다.

맞짱 뜨고 간 환상의 와라스 69호수

쿠스코에서 와라스Huaraz로 이동했다. 여행 중 와라스처럼 나를
괴롭힌 곳도 없다. 이국적인 푸른빛으로 유명한 69호수 투어 예
약을 하고, 다음 날 새벽 4시 반에 일어나 호텔 로비에서 픽업
버스를 기다렸다. 그런데 7시가 되어도 오지 않았다. 여행사를

찾아가 따져 묻고 다음 날로 일정을 변경했다. 새벽 4시 반에 일어났다. 버스는 또 오지 않았다! 잔뜩 화가 난 상태로 여행사로 달려갔다.

이틀이나 버스가 오지 않았기 때문에 진정하며 말할 수 있는 상태가 아니었다. 얼굴이 울그락불그락 달아올라 여행사 사장과 언성을 높여갔다. 내 요구 조건은 내일까지 모든 체류비용을 지불하면 조용히 넘어가겠다는 것이었고, 여행사 사장은 그렇게 할 수 없다고 했다. 결국 나는 화를 참지 못하고 테이블을 탁 치고 일어서며 고성을 쏟아냈다. 사장도 따라 일어섰는데, 순간 번쩍 하더니 나는 뒤에 있는 소파까지 밀려나 주저앉고 말았다. 내 오른손은 오른쪽 눈두덩이로 올라갔다. 아프다. 사장이 오른쪽 눈두덩이에 강한 펀치를 날린 것이다. 그때 알았다.

'아! 저 여행사 사장은 왼손잡이였구나.'

짜증이 밀려왔다. 테이블에 놓인 물병을 사장의 얼굴로 집어던졌다. 그리고 테이블 위로 올라가려는 순간 누군가 머리에 강한 펀치를 날리며 소파로 끌어내렸다. 분명히 사장과 나 단 둘

뿐이었는데! 한 명이 더 있었다니….

이때부터는 고개 한 번 들어보지도 못하고 흠씬 두들겨 맞았다. 두 놈들은 때리다 힘이 빠졌는지 멈췄다. 때를 놓치지 않고 일어나 "스톱!"이라고 외쳤다. 그리고 그들을 경계하고 쎄려보면서 문밖을 나왔다. 분이 풀리지 않아 씩씩거리던 중 경찰을 만나 하소연을 했다. 눈에는 눈 이에는 이, 똑같은 응징을 바랬으나 금전적 피해 보상을 받는 것으로 마무리를 지었다.

판다 눈을 하고는 다른 여행사를 통해, 다음 날 와라스 69호수로 향했다.

가이드가 69호수는 제법 난이도가 있는 코스를 지나야 하며, 해발 4,625미터에 있다고 했다. 이미 5,200미터 대의 비니쿤카를 두 발로 다녀왔기에 웃으며 산을 오르기 시작했다. 웃음이 사라진 건 채 한 시간이 지나기도 전이었다. 한 발 한 발 떼기가 무겁고 숨이 차왔다. 산이 가파른 것도 아니고 해가 쨍쨍한 것도 아닌데 빠르게 지쳐갔다.

나름 오래 걷는 것과 뛰는 것에는 자신이 있다고 믿었다. 하지만 믿음이 무색하게 오르기 시작한 지 두 시간이 되었을 때쯤 녹다운이 되었다. 마지막 한 시간은 두 발을 질질 끌고 올라가다시피 해서 장장 세 시간 만에 정상에 도착했다.

선빵을 날린 여행사 사람들.

정상 언저리에 도착해 69호수가 보이기 시작하니 탄성이 터져나왔다. "우와!" 지금껏 이렇게 아름다운 호수는 본 적이 없다. 선명한 에메랄드 빛깔의 호수를 하얀 설산과 흰 돌이 둘러싸고 있는 모습이 기이하고 경이롭다. 나는 여행사 사장에게 맞아 푸른 눈두덩이를 하고 푸른 호수에 넋을 잃었다.

그동안의 힘들었던 일들이 싹 보상받는 기분이었다. 눈호강을 끝내고 내려오는 길은 어렵지 않을 것이라 생각했는데 힘이 풀린 오징어 다리는 의지를 벗어난 지 오래였다. 가야 할 때 가지 않고 멈출 때 멈추지 않는 다리를 부여잡고 겨우 내려왔다. 산 아래에서 올려다보니 저 너머가 까마득했다. 이렇게 아름다운 자연을 언제 다시 볼 수 있을까. 푸른 내 눈두덩이를 닮은 와라스 69호수여 안녕! 페루여 안녕!

와라스 69호수로 가는 길.

와라스 69호수

중국 CHINA

—

3일 만에
돈이 되는 물건을 찾아라!

홈쇼핑을 방불케 하는 칭다오의 시장 사람들

시장을 보는 것은 언제나 즐겁다. 칭다오Qingdao의 주말 시장을 홀깃 보는 것만으로도 생동감이 느껴진다. 곳곳의 풍경이 마치 라이브 홈쇼핑을 방불케 한다. 화법이나 제품 시연이 예술의 경지에 가깝다. 그들의 손짓과 표정은 한 편의 모노드라마를 보는 듯하다.

시장에 가면 중국인이 왜 세계 3대 상인으로 꼽히는지 알 수 있다. 내가 본 중국 상인들은 프로 의식이 높았고 설득의 기교가 뛰어났다. 또한 특유의 느긋함으로 상대를 무력화시킨다. 시간에 쫓기는 자는 절대 중국 상인을 이길 수 없다. 그들의 별명은 '상술의 달인'이다. 그중에서도 절강성 온주 지역의 상인을 최고로 인정한다. 그들은 무에서 유를 창조한다고 알려져 있다.

칭다오 시장에는 장난감처럼 보이는 철사 뭉치 제품이 있었다. 단순해 보이지만 거짓말을 보태면 100가지 모양으로 변했다. 꽃도 되었다가 항아리도 되고 접으면 납작해지고 이러한 수많은 변형을 판매자가 예술에 가깝게 시연한다. 놀라운 건 한순간의 머뭇거림도 없이 시연하는 손보다 더 빠르게 설명을 한다. 거리의 예술가라고 해도 손색이 없다. 한번 보기 시작하면

끝까지 봐야 할 정도로 몰입감이 높다.

그 옆에 있던 다른 철사 공예 상인은 말이 전혀 없었다. '저 녀석 때문에 하루가 망쳤다해'라는 표정을 짓고 있다. 누구라도 그 화려한 기술 옆에 있었다면 기가 죽었을 것이다. 내 인생 철칙은 일등 옆에서 중간은 하자인데 옆 상인은 일등의 그림자에 가려 죽을상이다.

어떤 상인은 잠시 담배를 한 대 피며 질의응답 시간을 가지며 여유를 부린다. 아주머니들이 번갈아 질문을 해왔다. 상인은 마치 츤데레처럼 담배를 느긋이 태우며 툭툭 대답을 해준다. 그리고 냄비 뒷면에 딱 달라붙어 있는 그을음을 어떻게 떼는지 한 손만 이용해 보여준다. 이들의 모습을 보고 있으면 웃음이 난다. '사려면 사라해'라는 듯 보이지만 제품 설명만큼은 분명히 해준다. "더 이상 깎아줄 수는 없다해"라고 말하지만 막상 자리를 일어나면 다시 불러 앉혀 협상을 한다. 팔 때도 '이렇게 팔면 남는 거 정말 없다해'라는 표정을 짓지만, 남지 않는 장사를 누가 하겠는가.

중국의 시장에서는 부모와 자녀가 함께 장사하는 모습도 종종 볼 수 있다. 공부는 나중에라도 배울 수 있지만, 장사하는 감각은 어릴 때 익힐수록 좋다고 믿기 때문이다. 그래서일까. 중

칭다오의 주말 시장.

국 상인은 유대인 다음으로 전 세계의 상권을 쥐락펴락한다.

제품은 운명처럼 다가온다

중국에는 수백 개의 도매시장이 존재한다. 가장 유명한 곳은 이우Yiwu, 광저우Guangzhou, 선전Shenzhen이다. 이 도시들은 특정 구역이 아니라 시 전체가 거대한 도매시장이다. 가보지 않았다면 쉽게 상상할 수 없는 규모다. 내수는 물론 세계 각지에서 구매자가 방문한다.

설레는 마음으로 이우 도매시장에 가기로 했다.

처음으로 해외에서 돈을 벌 수 있는 기회가 생겼기 때문이다. 한국에서 제품 판매를 지원해줄 파트너로부터 중국 시장에서 돈이 될 만한 제품을 찾아달라는 요구가 있었다. 기한은 3일, 3일 안에 한국에 팔 수 있는 제품을 찾아 보내야만 했다. 시간은 촉박했지만 의욕이 넘쳐흘렀기에 발걸음이 가벼웠다. 경공술을 펼치며 사진첩을 넘기듯 매장을 돌았다. 관심 제품은 명함을 받아 최소 구매 수량, 단가, 납기일 같은 정보를 받아 적었다. 그런데 수북이 쌓여가는 명함과 다르게 마음이 좀처럼 채워지지 않았다. 좀 더 사람들의 눈길을 단숨에 빼앗고, 소비성이 높은 제품을 선택하고 싶었다.

함께 제품을 팔아보겠다고 나선 파트너에게 매일 저녁 제품 사진과 단가를 보고하며 생각에 생각을 더해갔다. 그렇게 마지막 하루가 다가왔다.

이젠 닻을 올리고 항해를 나서야 할 때다.

적은 예산으로 경쟁력 있는 제품을 찾는 일은 불가능에 가까운 임무다. 그래도 예산을 늘릴 수 없는 상황이었기에 아이디어가 번뜩이는 제품을 찾아 한참을 방황했다. 제품도 찾아지지 않으니 쉽게 지친다. 쉴 겸 커피를 뽑아 건물 사이의 연결 통로에서 쉬고 있었다.

그때였다! 사람들이 한 손에 잠자리 같은 장난감을 들고 나오더니 날리기 시작했다. 파닥파닥하는 소리가 재미있고 날아가는 모양이 나비 같기도 잠자리 같기도 했다. 시선을 끌고 호기심을 자극하기에 충분했다. 사진도 찍으며 한참을 넋놓고 보고 있는데 그중 한 명이 다가왔다. 비밀요원이 접선하듯 조용히 옆에 앉아 손가락 두 개를 들어 보인다. 20위안이라는 의미다.

호객 행위를 하는 잠자리 장난감 상인.

기껏해야 1,000원 정도로 보이는데 20위안은 3,000원이 넘는 돈이다. 어이없는 가격에 나도 모르게 실소가 나왔다. 그를 무시하고 다시 날아다니는 잠자리 장난감으로 시선을 옮겼다. 이번에는 내 어깨를 툭툭 친다. 그리고 손가락을 한 개 들어 보인다. 본인도 말해놓고 머쓱했는지 스스로 10위안으로 가격을 낮춰 다시 제시한 것이다.

나는 절레절레 고개를 흔들었다. 그는 이러면 곤란하다는 표정을 지어온다. 웃으며 그에게 또박또박 '중본어'를 했다.

"이, 얼, 싼, 이빠이- 이빠이."

그렇다. 이얼싼은 중국어, 이빠이는 일본어지만 그는 개떡 같이 말해도 찰떡 같이 알아들었다. 소매말고 도매로 사고 싶다고 하니 본인이 일하는 매장으로 안내했다.

상점 천장에는 형형색색의 잠자리 장난감이 걸려 있었다. 별것도 아니고 어쩌면 조잡해 보이는 잠자리 장난감에 내 심장은 뛰었다. 퍼득퍼득하며 하늘을 가득 메운 잠자리 장난감을 잠시 상상했다. 이런 말도 안 되지만 황홀한 상상이 장사를 끊지 못하게 한다. 아마 다른 사업가도 나와 비슷할 것이다. 현실은 고단하지만 늘 판타지로 내일을 견인한다.

명함을 받아 단가를 적고 샘플로 한 개를 사서 들뜬 마음으로 숙소로 돌아왔다. 잠자리 장난감의 구체적인 사진을 파트너에게 보냈다. 마침 어린이날이 다가오고 있었다. '가정의 달'과 '제품의 낮은 원가'로 파트너를 설득했다. 인터넷에서는 같은 제품이 2,000원에서 만 원 사이에 판매되고 있었다. 파트너는 보조배터리 쪽에 관심이 많았지만, 보조배터리는 인허가 문제도 있고 단가를 맞추기가 힘들었다. 결국 파트너가 오케이 하면서 사업은 급물살을 타기 시작했다. 무역 대행사 사장님을 찾아가서 사입하고 싶은 제품명과 상가 명함을 전달했다. 우선 초도 물량 2,000기를 발주했다.

첫 구매를 축하한다며 대행사 사장님은 꼬치와 맥주를 사주었다. 오랜 무역 경험을 갖고 있는 그는 그간 취급했던 제품의 운명에 대해 말해주었다. 요지는 결국 어떤 제품이든 사람이 판매한다는 것이다. 제품보다 물건을 판매할 사람을 보면 그 제품의 운명이 보인다는 것이다. 2년 전에 같은 제품을 갖고 간

샘플로 구매한 잠자리 장난감.

사람이 있었는데, 잘 팔지는 못했지만 이번에는 잘 팔아보라는 격려를 해주었다. 검수와 무역 대행을 맡기고 후련한 마음으로 다음 날 광저우로 향했다.

골방에 갇힌 잠자리 장난감의 운명

그럼 그렇지! 그렇게 무사태평할 것 같던 첫 수입에 문제가 발생했다. 내일이면 나온다던 제품 공급이 계속 늘어지고 있다. 추가 주문 건도 있고 겸사겸사해서 현장을 직접 보기 위해 다시 이우로 향했다.

현장에 도착하자 모든 일은 일사천리로 진행되었다. 발주자가 현장에 있는 것 자체가 그들에겐 압력이었다. 추가 주문을 포함해 총 3,000기의 잠자리 장난감을 주문했다. 납기가 늘어진 이유는 장난감을 생산하는 곳이 두 곳인데, 일일이 손으로 만들기 때문에 생산 속도가 늦어질 수밖에 없다고 한다.

업체로부터 제품이 도착했다는 연락을 받고 물류 창고로 향했다. 그런데 기존에 봤던 샘플과 다르게 포장에 조립 설명서가 빠져 있었다. 구성품을 꼼꼼하게 확인했어야 하는데 안일한 생각이 문제를 자초한 것이다. 설명서를 추가 발주하고 포장지에 제품 설명서를 낱낱이 넣었다. 그리고 모든 제품에 문제는 없는지 검수 과정을 직접 확인했다. 일주일 뒤 한국에 제품이 도착했고 판매가 시작되었다.

실은 잠자리 장난감과 관련해 파트너에게는 말하지 않은 원대한 계획이 있었다. 100만 원으로 시작해서 10억 원을 버는 프로젝트였다. 100만 원으로 제품을 구매해서 투자 금액의 두 배를 회수해 열 번을 재투자하면 10억이 된다.

허무맹랑한 소리 같겠지만 휴대폰 케이스를 중국에서 수입 후 판매해서, 종잣돈을 만들어 트럭으로 품목을 키워가는 사람을 직접 봤다. 단계별로 진행만 잘된다면 열 개의 제품으로 10억을 벌 수 있다. 그렇기에 계획이 꼼꼼하지 못했을 뿐이지 막연히 뜬구름 잡는 소리는 아니다.

하지만 늘 생각처럼 되는 일은 없다.
그렇기에 삶이 즐거운지도 모른다.

다시 한국 상황으로 돌아가면 전량을 받아 팔기로 한 업체에서 제품을 보더니 1,000기만 받기로 했다고 한다. 실망스러웠

잠자리 장난감 제품 검수 중.

지만 파트너를 믿어보기로 했다. 그런데 이런저런 노력을 해도 어느 곳도 반응하지 않았다. 결국 팔지 못한 2,000기는 내 방을 차지하게 되었다. 쇼핑몰 하는 후배에게도 연락해봤지만 여전히 내 방에는 빛도 보지 못한 잠자리 장난감이 수북이 쌓여있다.

세계 일주를 끝내고 한국에 돌아와서도 뭔가 끝내지 못한 찝찝함이 나를 괴롭혔다. 용기를 내서 공원에 나가 팔아봤는데 반응이 꽤 좋았다. 친절한 과학 선생님처럼 제품 조립법을 알려줘야 한다는 치명적인 단점이 있긴 하지만 즐거웠다. 아이들은 무엇이 그리도 궁금한지 스핑크스처럼 난해한 질문을 쏟아낸다. 그래도 기쁘게 조립 설명을 하고 대답해준다. 미소를 유지한 채 말이다. 아이가 즐거워해야 엄마의 지갑이 열린다. 그렇게 박스는 점점 가벼워지고 있다. 때론 괴롭히는 아이들을 향해 미소를 보여야 하기도 하지만, 이 일은 내 삶의 작은 즐거움이다.

장난감 잠자리를 통해 시장과 고객 니즈에 대해 큰 깨달음을 얻었다.

왕눈이 사탕처럼 달콤했던 짝퉁 장사

광저우 도매시장은 패션 제품으로, 이우 도매시장은 잡화 제품으로 어깨를 나란히 하는 상업 도시다. 광저우는 진한시대 해양 실크로드의 시발점인 도시였고, 청대에는 중국에서 유일한 대외통상 개방도시였다. 오래전부터 세계적인 규모의 시장으로 인정받아 왔다.

중국의 시장에 가본 사람이라면 짝퉁의 유혹을 쉽게 떨칠 수 없다. 품질도 뛰어나고 가격은 한없이 낮기 때문이다. 그렇지만 선수들은 거리에서 짝퉁을 사지 않는다. VIP는 오피스텔로 초대를 받는다. 그곳에 가면 이중 철문이 열리고 하얀 장갑을 낀 판매사원이 기다리고 있다. 마치 명품을 다루듯 조심스럽게 짝퉁을 소개한다. 처음 광저우에 왔을 때 짝퉁 닥터드레 헤드폰 몇 개를 온라인으로 팔아본 경험이 있다. 구매가의 세 배 가격을 제시해도 올리기가 무섭게 팔리는 것을 보며 놀라웠다.

예전에는 이렇게 명품을 마구잡이로 카피하던 중국이 이제는 변했다. 초창기에는 명품 제품을 그대로 카피하는 형식이었다. 그런데 기술의 수준이 발달하자 명품에 없는 디자인을 만들어 명품 로고를 붙였다. 이때 이뤄진 이종 결합의 영향으로 기괴한 제품들이 거리로 쏟아져 나왔다. 현재는 유명 브랜드의 로고를 붙이지 않아도 디자인과 품질이 우수한 중국 제품이 넘쳐나고 있다. 이게 불과 몇 년 사이의 변화라는 것이 놀라울 뿐이다.

어릴 적 달콤함에 혀에서 피가 나는 줄도 모르고 왕눈이 사탕을 먹곤 했다. 짝퉁도 왕눈이 사탕처럼 달콤하지만 돌이켜보면 사업에 하등 도움이 안 된다. 이실직고해서 20대 초반에 짝퉁 제품으로 돈을 벌었던 적이 있었다. 짝퉁이 유행하던 시절, 아는 형과 동대문 새벽시장에 놀러 갔었다. 대전 촌놈이 맛본 서울의 밤은 너무나도 화려했다. 세상에 이런 곳도 있구나 하며 시장을 배회했다. 그 당시 동대문에는 짝퉁 제품들이 넘쳐 났다. 팔아볼 생각으로 짝퉁 옷을 주워 담아 차에 가득 실었다. 그렇게 수차례 동대문을 오가며 짝퉁 옷을 매입해 팔았다. 그야말로 돈 버는 재미에 푹 빠졌다. '이렇게 돈 버는 것이 쉬운 일인가'라고 느끼기도 했다.

그러던 어느 날, 짝퉁 제품 판매자로 신고가 되고 처벌을 받게 되었다는 메일이 왔다. 그것을 시작으로 모든 계정이 막히고 나서야 경각심을 느꼈다. 그렇게 해서 쉽게 돈 버는 달콤함

짝퉁 시계가 매대에 한가득.

에서 손을 털었다. 젊은 시절의 잘못은 퇴화된 꼬리뼈처럼 남아, 당시 제품을 올렸던 쇼핑몰에서는 가입도 이용도 불가능한 블랙리스트가 되었다. 다시 생각해보면 짝퉁 제품이 아닌 보세 제품을 팔다 실패했더라면 분명 더 많은 경험적 지식이 남았을 텐데 하는 아쉬움이 있다. 이미 브랜딩이 되어 있는 짝퉁 제품을 판 경험은 사업적 지능을 높여주지 못했다.

어쨌든 여전히 세계 곳곳에서 짝퉁은 인기다. 유통으로 돈을 벌려는 사람들이라면 한번쯤은 생각하는 분야이기도 하다. 하지만 명심해야 할 것은 법적으로 자유로울 수 없다는 것과 긴 인생을 놓고 보면 전혀 도움이 되지 않는다는 것이다.

사업적 지능을 높여주는 방법은 직접 부딪치는 것뿐이다. 나는 무모할 정도로 일을 쉽게 접근하는 경향이 있다. 잠자리 장난감을 수입했던 이유가 그렇다. 때론 그 무모함은 놀라운 추진력으로 둔갑하기도 한다. 팔 수 있는 제품을 찾고 현지 무역 대행사에 모든 무역 대행을 의뢰했다. 물론 비용이 증가한다. 제품 가격에서 10%의 수수료가 붙는다. 그렇지만 처음부터 직접 하려면 더 많은 기회비용을 지출하게 될 것이고, 최악의 경우엔 지레 겁을 먹고 시도조차 하지 못할 것이다. 각 분야의 전문가는 이럴 때 활용하는 것이고 그에 합당한 비용을 지불하면 된다.

Tip!

딱 잘라 말하면 무역은 어렵지 않다. 무역 에이전시가 될 것이 아니라면 더 어렵지 않다. 무역이 어렵다고 느끼는 이유는 어렵게 접근하고, 모든 것을 혼자 하려고 하기 때문이다. 수입의 경우 물품매매계약을 통해 결제조건을 정하고 신용장을 개설한다. 그리고 대금을 결제하고 보세구역으로 물품을 반입해서 수입신고를 한 뒤 물품을 받는 것이다. 이 모든 것을 혼자하려고 접근하면 어렵다는 뜻이다. 하지만 무역 대행사를 끼면 제품 픽업과 판매만 담당하면 된다.

중요한 건 그 이후다. 반복적인 업무는 축적된 경험적 지식이 된다. 경험을 통해 비용을 줄일 수 있는 방법을 찾아가면 된다. 반복적인 과정은 자연스레 지름길을 찾게 해준다. 물량이 늘면 무역 대행 비용과 직원 채용 비용을 비교해서 결정하면 될 것이다.

덴마크 DENMARK

—

다방을 닮은
코워킹 스페이스에 가다

덴마크 할머니가 끓여준 크리스마스 와인

어쩌다 덴마크 할머니가 운영하는 숙소에 머물게 되었다. 출출해서 토스트를 굽고 당근을 씻고 있었다. 혼자 사는 할머니는 심심하셨는지 먼저 다가와 와인을 같이 마시지 않겠느냐고 물어왔다. 음! 이건 어떤 우정의 시작이려나? 마시겠다고 하니 가스레인지에서 사골처럼 끓이고 있는 수프를 한 컵 떠서 담아주신다. 와인에 시나몬과 과일을 넣고 끓인 뱅쇼라는 음료다. 덴마크 할머니는 이것을 '크리스마스 와인'이라 불렀다.

그렇게 할머니와의 이야기가 시작되었다. 벽에 걸려 있는 사진을 가리키며 배우였던 할머니의 아버지에 관한 이야기부터 시작됐다. 대화는 놀라움의 연속이었다. 사회 복지에 대한 그분의 생각은 굉장히 진보적이었고 정부의 세금 사용에 대한 신뢰가 상당히 높았다. 아들뻘 되는 내가 오히려 보수적으로 느껴질 정도로 생각의 차이가 컸다. 당근을 오독오독 씹으며 할머니의 말을 가만히 경청했다. 그분의 이야기를 들을수록 덴마크의 복지는 하루아침에 이뤄지지 않았음을 알게 되었다.

덴마크는 복지·교육·노동 환경이 좋아 행복지수가 높기로 소문난 나라다. 한국은 근로시간이 세계 2위인 반면 덴마크

크리스마스 와인과 야식.

코펜하겐 도시 풍경.

는 직장인 평균 퇴근 시간이 오후 4시고, 실업자에게 최대 2년 간 기존 급여의 90%까지 지급한다. 우리나라는 노동기본권 이 전혀 보장되지 않는 국가로 분류되어 있어서 상대적 빈곤감이 크다. 그런데 따져보지도 않고 덴마크를 부러워하기에는 성급하다. 덴마크 노동복지의 역사는 100년이 넘는다. 우리나라는 1970년 전태일 열사가 근로기준법 준수를 외치며 노동 인권 운동을 했으니 50년이 채 안 된다. 덴마크의 노동복지가 좋은 이유는 우리나라보다 수십 년은 빨랐던 산업화에 있다. 100년 이상의 역사를 가진 덴마크의 노동복지를 하루아침에 따라갈 수는 없다. 이 점만 인지한다면 우리나라의 노동 인권 개선도 점차적으로 변화해갈 것이다.

할머니와 크리스마스 와인을 마시며 들었던 덴마크의 이야기는 흥미로웠다. 그래서 덴마크의 정치, 경제, 교육, 노동에 관한 보고서를 찾아보고, 할머니가 덴마크를 자랑스럽게 여기는 이유를 알게 되었다.

안데르센에게 여행이란

비가 오는 날 작은 인어상 주변의 여행지를 걸어 다녔다. 인어상은 안데르센의 동화 《인어공주》에서 모티브를 얻어 제작한 것이다.

코펜하겐의 작은 인어 동상

안데르센이 여행 중독자라는 사실을 아는 이는 많지 않다. 그는 인생의 대부분을 여행하며 보냈다. 다양한 경험과 여행에서 느낀 감정이 160편에 달하는 동화를 만든 원천이었을지도 모른다.

특히, 예술가들은 여행을 통해 많은 것을 느끼고 이를 작품으로 승화시킨다. 생전에 인정을 받지 못한 불행한 예술가 고흐는 유럽을 여행하다 정착한 프랑스 남부의 아를에서 200점이 넘는 작품을 그렸다. 헤밍웨이는 이탈리아, 프랑스, 스페인, 아프리카, 쿠바 등을 떠돌아다닌 경험이 작품의 배경이 되었다. 여행의 속성은 내게도 하나의 깨달음을 주었다.

모두가 자기만의 이야기가 있다.

여행 중 위급 상황이 닥쳤을때 자기만의 생존 필살기가 있고, 여행을 다니며 좋아하는 것이 최소 하나씩은 있다. 여행은 이런 좋은 재료를 증폭시켜주는 역할을 한다. 안데르센처럼 말이다.

해외에서 창업하는 사람들

영화 〈동사서독〉에서 구양봉은 검술을 익혀 검객(기술창업)이
되는 것이 꿈이었다. 꿈을 위해 사랑하는 여인까지 버렸다. 검
객이 되겠다는 구양봉은 10년 후 돌연 사막 한가운데 여관(숙
박업)을 개업한다. 경쟁자는 없겠지만 곧 망해도 이상하지 않을
곳이다. 그런데 그곳으로 사람들의 발길이 이어진다. 이렇듯 때
론 예상치 못한 창업을 하게 되고 상권분석을 비웃기라도 하듯
새로운 물길을 내는 곳이 있다.

덴마크에는 약 700명의 교민이 살고 있다. 그중에서 요식업에
종사하는 김 씨에게 미리 연락한 후 찾아갔다. 그의 가게는 꽤
잘되어서 일부러 한가할 것 같은 시간을 골랐는데도 손님이 있
었다. 가게의 노하우를 파악하기 위해 지켜보았다. 오래 관찰할
필요 없이 그의 장점은 쉽게 발견됐다. 손님에게 낯선 한국 음
식을 친절히 설명해주고, 다음 주에 있을 이벤트 홍보까지 잘
짜여진 루틴으로 응대하고 있었다. 이국에서 한국 음식을 계속
알려온 김 씨를 바라보며 나에게도 저런 근성이 있는지 문득
궁금해졌다.

김 씨네 가게에서 같이 일하는 구 씨가 말을 걸어왔다. 그의

덴마크에서 한국 음식을 파는 노점.

말을 들어보니, 그 또한 해외 창업을 준비하는 닭강정 전문가
다. 계속 손님이 들어와 자리를 비켜가며 대화를 이어갔다. 그
들은 해외 창업에 있어 나보다 선배고, 몸으로 부딪치며 현장에
서 얻은 값진 경험들이 있었다. 그렇게 세 시간 동안 추위에 발
을 동동 구르며 대화를 했다. 해외에 정착한 사람들의 이야기
를 듣다보면 하나같이 재미있는 사연이 있다. 탐험가처럼 새로
운 길을 개척해가기도 하고 뜻하지 않은 길을 만나 가게 되는

경우도 많다. 이 먼 타국에서 사업을 하는 한국인들이 놀랍기도 부럽기도 하다.

대화의 장이 되는 코워킹 스페이스

세계 곳곳에 코워킹 스페이스Coworking Space가 우후죽순으로 생겨나고 있다. 유럽을 다니다보면 어렵지 않게 코워킹 스페이스를 발견할 수 있다. 코워킹 스페이스는 대개 카페와 임대업이 결합된 곳이 많다. 본질적으로는 스타트업 육성 장소이긴 하지만 말이다. 그러고 보니, 우리에게 익숙한 다방과 코워킹 스페이스는 닮은 점이 있다. 다방에서 사람들이 모여 인적 네트워크 허브 역할을 하는 면은 코워킹 스페이스와 역할이 크게 다르진 않다. 신사업들이 갑자기 툭 튀어나오는 것 같지만 찾아보면 유사하거나 비슷한 아이디어의 상품들이 이미 있다. 그것이 다 사람들의 교류에 의해 만들어진 것은 아닐까? 코워킹 스페이스는 한국의 다방문화와 꼭 닮아 있다.

그러나 차이점이 있다면 한국인과 유럽인의 대화의 방식이다. 우리나라는 산업시대를 빠르게 거쳐오며 과도한 업무에 시

달렸다. 일에 지친 아버지가 집에 돌아와도 가족 간의 대화는 부족했을 것이다. 그저 상명하복에 의한 빠르고 급진적인 방식으로 사업과 소통을 진행했다. 그 시대의 영향인지는 모르겠지만 아들 세대인 우리들은 아버지 세대와 비슷하게 열린 공간에서 대화를 하는 것에 익숙하지 않다. 반면, 유럽인들은 사람들 간의 대화가 자연스럽다. 다양한 사람들과의 대화 속에서 아이디어는 눈덩이처럼 구르고 견고해진다. 대화를 통해 개선되고 창의적인 제품이 탄생한다.

꼭 창업이라는 주제의 코워킹 스페이스가 아니더라도 취미, 문학, 학문에 관한 코워킹 스페이스가 확산되었으면 하는 바람이 있다. 그런 공간에서 한국을 견인하게 될 새로운 인물이 나올 수 있지 않을까 한다. 골방에서 연구하는 시대는 4차 산업혁명이 시작되면서 지나버렸다.

코펜하겐의
코워킹 스페이스.

인도 INDIA

—

지옥인가 싶다가도
천국 같은 곳

지옥행 열차에서 불량 과자가 부른 대참사

카주라호에서 출발하는 뉴델리New Delhi행 기차표를 샀는데 좌석도 아닌 입석이다. 11시간 입석 기차표라니…. 분명 이건 지옥행 열차가 될 것이다. 중국에서 18시간 동안 앉아서 가는 기차를 탄 적이 있는데, 그 후로는 장거리 여행은 무조건 침대칸으로 타야 한다는 굳은 결심을 했다. 장거리는 침대칸이 아니면 골병들기 딱 좋다. 다른 표가 없어 눈물을 머금으며 입석을 끊긴 했지만, 걱정이 태산이다. 자포자기하는 심정으로 '그래 바닥에서 자면 되지!'라는 생각으로 기차에 올랐다. 그런데 행운은 내 편이었나! 화장실 바로 앞에 자리가 빈다.

바닥 쿠션이 제거되어 철판이지만 그래도 앉을 수 있다면 상관없다. 지금 이것저것 따질 처지가 아니다. 옆에 발가벗은 꼬마를 안고 있는 젊은 아빠도 입석인지 내 옆에 앉았다. 과자를 대여섯 봉지 사왔는데 옆자리 꼬마가 힐끔힐끔 쳐다본다. 모르는 척하기 힘들어서 다섯 개 먹고 꼬마는 하나 주면서, 이런 식으로 세 봉지의 과자를 다 먹었다. 그런데 갑자기 꼬마 아빠의 손이 부산해지고 냄새가 스멀스멀 올라오기 시작했다. 내가 준 과자를 먹은 꼬마가 설사를 하는 것이 아닌가! 고장난 수도꼭

지처럼 갈색 변이 후두둑 쏟아졌다.

'으악! 으악! 으악! 어쩌면 좋아!
나는 잘못 없습니다!
그냥 꼬마가 먹고 싶어 해서 과자를 주었을 뿐이에요!'

꼬마 아빠는 아이를 들고 후다닥 화장실로 향했다. 그러나 이미 자리에는 갈색 그것이 흥건했다. 한참 후에 아빠는 꼬마를 씻겨서 밖으로 나왔다. 아이는 방금 일을 그새 잊어버린 건지 또 과자 봉지를 바라본다. 더 이상은 줄 수 없기에 애써 외면하며 창문 밖을 내다봤다. 꼬마 아빠는 목에 감고 있던 스카프를 물에 적셔와 의자와 바닥을 닦아냈다. 말끔히 흔적을 지웠지만, 내 머릿속에는 여전히 갈색 그것이 보인다. 악의는 없었는데 일이 이렇게 되고 나니 미안한 마음이 크다. 냄새가 난다고 일어날 수 있는 상황도 아니다. 10시간 동안 서서 가는 것에 비하면 그것 옆의 철판 의자라도 천국이다.

이미 기차는 안은 콩나물시루가 되어 있었다. 내 다리 사이로는 짐들이 꽉꽉 채워져 있고, 서 있는 사람의 배가 내 코에 닿는다. 설마 이대로 뉴델리까지 가는 건 아니겠지? 화장실을 갈

◀ 기차에서 밖을
구경하는 사람들.
▶ 인도 기차 내부.

수도 없을 뿐더러 다리도 움직일 수 없었다. 바닥에는 짐이 가득했고 사람들은 짐 사이로 발을 꽂아 겨우 서 있는 그런 형국이다. 그렇게 콩나물시루처럼 3시간을 갔을까. 사람들이 우르르 내렸다. 시계를 보니 새벽 4시가 넘었다. 지옥행 열차는 2시간 더 달려 13시간 만에 뉴델리에 도착했다.

카펫 상점 보스와의 눈치 게임

뉴델리의 파하르간즈에 숙소를 잡았다. 근처에 기념품 가게도 많아서 여행자들은 주로 이곳에 숙소를 잡는다. 기념품의 종류가 다양하고 가격도 저렴하다. 그러다 우연히 들어간 가게에서 마음에 드는 제품을 발견했다. 인도의 전통 직물로 코끼리 자수가 되어 있는 큰 카펫이다. 장사에는 큰 소질이 없지만 그래도 팔아보고 싶었다. 직원에게 가격을 물어보니 예상보다 비싸게 불러 놀랐다. 깎아볼 요량으로 옥신각신하는데 문어보다 두상이 예쁜 민머리 아저씨가 들어온다. 딱 보니 그가 사장이다. 사장에게 다가가 다시 가격을 협상했다. 사장이 제시한 가격이 나쁘지 않다. 카펫 상점 사장에게 한국까지 물류비를 물었다.

몇 곳에 전화를 걸어 대략적인 가격을 알려준다. 이 정도면 팔 수 있겠다는 판단이 섰다.

사장과 본격적 가격 협상에 들어갔다. 계산기를 주고받으며 간격을 좁혀갔다. 사장이 "라스트 프라이스Last Price!"라며 계산기를 들어 보인다. 그리고 포르투갈 상인과의 거래 내역을 보여주며 "봐라! 당신에게만 특별히 제시하는 가격이다"라고 한다. 나보다 가격이 낮긴 하지만 구매량이 스무 배 이상이다.

그가 제시한 가격이 높지는 않았지만 가격 비교는 필수! 확신이 서기 전에 당일 구매하지 않는 게 철칙이다. 다른 몇 곳을 가봤는데 이곳만 한 곳이 없었다. 좋은 거래가 될 듯하다. 인도 상인들은 좋은 고객이라 생각되면 차이를 시켜준다. 다른 카펫 상점에 갔을 때도 그랬고 이곳에서도 그랬다. 다른 상점에서는 차이를 사양했다. 실질적 구매 의사가 없었기 때문이다. 하지만 이번에는 차이를 얻어 마셨다. 구매 의사가 분명히 있었고 사장의 우정을 받아주기로 했다. 카펫과 천을 골라 박스에 담고 다른 제품도 몇 개 얻었다.

당시 구매한 제품의 행방은 다음과 같다. 약 2년 6개월 동안 팔리지 않고 박스 안에 고이 잠자고 있었다. 벼룩시장에라도 가

카펫 상점에서.

서 팔아볼 생각으로 천을 대신 보관했던 친구에게 연락했다. 친구는 자기 선에서 팔지 못하고 묵혀뒀던 것이 미안했는지, 나에게 보내기 전에 SNS에 판매글을 올렸다. 그리고 하루도 안돼 모든 제품이 다 팔렸다. 그리고 일부러 빼둔 제품 몇 장은 동네 마을 회관에 기증했다.

마을 회관에 기증된 천.

도비왈라 선생에게 사사를

뜨거운 정오에 인도 최대의 공동 빨래터인 마하락슈미 도비가
트에 도착했다. 대부분의 인부가 잠을 자거나 빨래를 배달하러
나갔고 몇몇은 빨래를 하고 있다.

사극 속 신분제도처럼 백정의 자식으로 태어나면 백정이 되
듯, 빨래꾼 도비왈라의 자식으로 태어나면 도비왈라가 된다고
한다. 도비왈라는 인도 카스트제도의 최하위 계급인 수드라에

도비 선생에게 빨래 사사를 받다.

도 속하지 않는 불가촉천민이다. 매일 12시간이 넘는 노동시간
에도 불구하고 턱없이 낮은 보수를 받는다. 빈곤의 악순환은
자녀에게도 대를 이어 계속된다. 조심스럽게 다니고 있는데 도
비왈라 중 한 명이 심심했는지 빨래터를 구경시켜준다. 그리고
빨래하는 방법도 알려줬다.

  그는 한 가정의 가장이다. 빨래터 바로 앞에 한 평 남짓한 작
은 공간에서 가족과 살고 있다. 부인과 아들은 어디 나가고 없
다. 밖에서 뻘쭘히 서 있는 나를 방 안으로 들어오라고 한다. 들

어가보니 혼자 살기에도 너무 협소한 공간에 마음이 아파온다. 일반 주택의 화장실만 한 크기다. 둘이 들어가 앉아도 비좁은 공간에서 세 가족이 함께 산다고 하니 농담하던 입이 무거워진다. 미소를 잃지 않는 가장의 행복 원천이 무엇인지 궁금해진다. 그의 미소는 한없이 맑았다.

거리에서 만난 면도사와 라씨 아저씨

7시가 넘으니 해가 사라졌다. 여행자가 북적이는 메인 바자 로드를 벗어나 뒤쪽 한산한 골목으로 들어섰다. 호기심이 많아 힐끔거리기를 좋아한다. 거리의 면도사가 면도를 하는 모습이 생경하게 느껴져 쳐다봤다. 면도사가 아닌 지나가는 사람이 호객을 한다. 인도는 특이하게도 본인 사업이 아니어도 남의 장사를 거든다. 때론 안면이 없는 사람들도 남의 장사를 거든다.

"면도 10루피(약 160원)만 내."

"정말 10루피예요?"

"응."

"….(수염이 없지만, 면도를 해보고 싶은 마음에 머뭇거린다)"

인도 거리에서
만난 아이들.

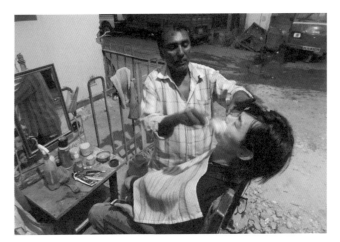

남자가 되어가는 중.

"10루피면 강한 남자로 변신시켜줄게."

"하하하, 저는 이미 남자인걸요."

"아직 아니지, 강한 남자라면 면도칼로 면도를 해야 하는 거
야."

"근데 제 턱을 보세요, 저는 인도 사람처럼 수염이 많지가 않
아요."

"노 프라블럼No Problem, 노 프라블럼(인도인들은 노프라블럼을 입
에 달고 산다)."

결국, 수염도 없는 내가 의자에 앉게 되었다. 의자에 기대게 하고는 착착 면도 크림을 바른다. 생전 처음 느끼는 감촉이다. 수염은 몇 가닥 있지만, 면도칼로 할 정도는 아니라 왠지 모르게 부끄러웠다. 새 면도날로 교환하고 피부를 벗겨내듯 슥슥 얼굴을 훑고 지나간다. 예리한 칼날이지만 연성이 있어서 휘어지는 느낌이 든다. 혹여나 베지는 않을까 조마조마했다. 면도를 무사히 끝내고 강한 남자의 향기가 나는 스킨으로 마무리를 해준다. 솔직히 따가워 죽는 줄 알았지만 강한 남자로 태어났기에 티를 내지 않았다. 상처가 난 건 아닌가 하고 거울을 봤더니 육안으로 구별될 정도의 상처는 없다. 이제 냄새마저도 인도인이 되었다. 강한 남자가 되어 당당한 발걸음으로 숙소로 향했다.

인도에서 숙소로 가기 전에 항상 먹는 게 있었다. 바로 라씨다. 라씨를 처음 먹은 건 바라나시Varanasi에서 였다. 숙소로 돌아가는 길에 흰색 액체에 얼음을 넣고 절구통에 갈고 있는 모습을 힐끔거렸다. 시원할 것 같다는 생각에 한 잔을 주문해서 먹어봤다. 그런데! 이 맛은! 인도에서 먹은 음식 중에 최고의 맛이었다. 이름이 무엇이냐고 물으니 라씨란다. 너를 사랑하겠노라 다짐한 후로 매일 아침과 저녁에 한 잔씩 마셨다. 저녁에 라

단골집이 된 라씨 아저씨.

씨를 한 잔 마시는 것이 일정의 마무리다. 인도에서의 마지막 라씨를 한 잔 하며 무탈하게 여행을 끝낸 것을 자축했다.

코스타리카 COSTA RICA

—

오감이 기억하는
비밀스러운 모험

깊은 산속 알몸 수영

코스타리카는 화산과 자연경관이 유명하다. 호스텔에서 소개해준 몇 개의 투어 중에서 Rincon Dela Viesa Volcano 투어를 신청했다. 일정을 보니 아침 7시에 출발해서 오후 4시에 돌아온다고 적혀 있다. 화산Volcano이라는 단어만 보고 화산 투어인 줄 알고 신청했다. 그런데 6시간이 넘는 하이킹 코스였다. 제대로 확인을 하지 않고 투어 이름만 보고 따라나선 실수다.

하이킹을 정말 싫어하지만 울며 겨자 먹기로 산을 올랐다. 첫 번째 코스로 추천한 라 칸그레하 폭포로 향했다. 왕복 4시간 거리다. 저질 체력 때문에 앞사람과의 거리가 점점 벌어져 혼자 걷게 되었다. 정글 같은 산속이다보니 부스럭거리는 소리가 꽤나 무섭게 들렸다. 자꾸 무엇인가 나올 것 같아 뒤를 돌아보게 만든다. 가는 길에 짐승도 많아 종종 마주친다. 천신만고 끝에 도착해보니 폭포가 시원하게 쏟아진다. 다들 어떻게 알고 수영복을 챙겨왔는지 옷을 갈아입고 폭포에서 수영을 한다. 땀은 비 오듯 쏟아지고 당장에라도 뛰어들고 싶지만 수영복이… 없다.

어차피 수영도 못하겠다, 가지 말라는 에스콘디다스 폭포로

군이 이동했다. 지도를 보니 2~3킬로미터밖에 되지 않는다. 이 가까운 거리를 왜 가지 말라고 하는지 이해가 가질 않았다. 의아해하며 길을 걷기 시작했다.

'아! 가지 말라고 한 이유가 이거였구나.'

정글 같은 숲을 지나자 평지 위로 깎아지는 경사가 보인다. 더군다나 바윗길이다. 경사진 돌산을 올라야 하다니…. 남아공 케이프타운의 테이블 마운틴을 넘은 악몽이 떠오른다. 그때도 허벅지에 불이 날 정도로 올랐다가 2시간 만에 녹초가 됐던 경험이 있다.

갈까 말까를 잠시 고민했지만 가기로 결심했다. 그곳에는 아마 아무도 없을 테니 폭포로 가 알몸 수영을 하겠다는 행복한 상상을 하면서 이를 악물고 오르고 올랐다. 과자 부스러기 따위로 허기를 달래며 언제 도착할지 모르는 산을 올랐다. 입에서 신물이 올라왔다. 겨우겨우 산 중턱에 올라 허리를 펴서 잠깐 쉬었다. 힘들어서 현기증까지 났다. 어중간하게 왔기에 포기할 수도 없다. 참으로 가혹한 하루다. 산을 오르면 폭포가 있을 줄 알았는데 다시 숲이 나온다. 숲길을 따라 20분쯤 들어갔을까 물소리가 들린다. 소리를 따라 발걸음은 더욱 빨라졌다.

"와!"

맑고 시원한 폭포에 저절로 함성이 나온다. 옷을 풀어 헤쳤다. 신발을 벗고 바지와 속옷을 한 번에 벗었다. 모든 옷을 탈의했다. 심장이 쿵쾅쿵쾅 뛴다. 폭포로 뛰어들었다. 꺅! 세상에 이렇게 시원한 물이 있다니! 땀으로 범벅이 됐던 몸이 금세 식었다. 그렇게 10분 동안 실오라기 하나 걸치지 않고 황홀한 쾌락을 만끽했다. 아! 그래! 이거다! 이게 여행이지!

이 느낌은 말로 표현하기 힘들 만큼 상쾌하다. 폭포 밖으로 나와 물을 털고 옷을 입자 뒤따라오던 사람들이 도착했다. 그들도 내가 누렸던 쾌락을 맛보려 폭포로 뛰어든다.

집으로 돌아가는 길에 다리는 이미 오징어가 됐다. 오징어 다리처럼 많기라도 하면 중심 잡기라도 좋을 테지만, 내 다리는 두 개라 휘청거린다. 그러나 지금 다시 떠올려도 그때의 상쾌함은 여전히 내 오감 깊이 남아 있어 즐겁다.

◀ 정글 같았던
하이킹 코스.
▶ 폭포 가는 길
반쯤 올라.

낙원 같은 폭포에서 수영하는 사람들.

장기에서 배우는 장사의 법칙

포아스 화산은 화가 났는지 며칠째 성을 내고 있다. 성난 여파로 화산이 부글부글 끓고 있어 갈 수가 없다. 화산재가 쏟아지고 있어 입구를 폐쇄했다. 이참에 쉬라는 의미인지 비도 하루 종일 내린다. 이렇게 비가 추적추적 오는 날은 아무것도 하고 싶지 않다.

하지만 그새를 참지 못하고 시내를 구경하기 위해 거리로 나섰다. 폭포처럼 쏟아지는 비에 도시는 순식간에 물바다가 되고 지나가는 차들은 파도를 만든다. 비가 그칠 듯해서 거리에 나오면 갑자기 쏟아지고, 더는 안 되겠다며 숙소에 있을 생각을 하면 금세 그친다. 머피의 법칙처럼 늘 이렇다. 비를 보며 잠시 이런저런 생각에 잠겼다.

왕의 목을 따려면 졸부터 움직여라.

장기에서 말을 움직이는 법칙이 있다. 포·차·마·상은 그다음이다. 장기에서 포와 차는 매우 유용한 말이다. 하지만 그들이 왕의 목을 딸 수 있는 이유는 문을 열거나 닫는 졸의 역할이 크다. 장기는 졸부터 움직이는 것이다. 이 법칙은 장사에도 적용된다. 처음부터 크게 가게를 열 필요가 없다고 생각되지만, 남들은 그렇게 생각하지 않나 보다. 가게는 큰 규모로 개점해놓고 속살을 들여다보면 실제 매출이 100만 원뿐인 경우가 있다. 매출에서 차 떼고 포 떼고 나면 인생 외통수에 걸리게 된다. 기본적인 생활을 할 수 없는 암담한 상황에 처하게 된다.

'빛 좋은 개살구'는 낯빛이라도 좋으련만 낯빛부터가 흙빛인 사장님들을 만날 때가 있다. 그런 분들은 심지어 매장 분위기마저도 흙빛이 감돈다. 위로의 말을 건네기도 힘들다. 사업은 사업성 자체도 중요하지만 대표자의 포커페이스가 종종 그 이상으로 중요한 역할을 할 때가 있다. 재정은 바닥나고 있지만 웃어야 하는 것이 사장의 역할이다. 그래야 운이라도 따라온다. 그리고 웃는 얼굴에는 침 못 뱉는다고 하지 않는가.

그러고 보면 나는 참 운이 좋은 사내가 아니었나 생각한다. 운영했던 사업들이 그다지 힘들지 않았다(어쩌면 힘들지 않았다고 착각하고 있는지도 모르겠지만…). 그리고 어려운 일이 생기면 늘 새로운 돌파구를 찾으면서 생존을 해왔다. 근거 없는 무한 긍정이 사업을 영위할 수 있게 해준 근간이 되지 않았나 싶다. 대표자는 자기암시가 있어야 한다. 무한 긍정의 아이콘이 자기 암시

문구 하나를 소개한다. 이것을 잘 기억해둬서 힘든 일이 있을 때 되뇌어보자.

나는 잘되었고 잘되고 잘되어갈 것이다.
그러니까 하루만 더 버텨보자.

하지만 자기 최면에도 한계가 있고 항상 버티는 것만이 능사는 아니다. 버티다가 본인이 정한 한계가 오면 과감하게 사업을 접어야 한다. 내 지론은 인생에 사업의 기회는 많다는 것이다. 한 우물만 파서 성공하는 사람도 있지만 사람마다 인생의 방향은 다르다.

◀도로를 수영장으로 만드는 비.
▶코스타리카 니베리아의 독특한 교회.

2

EGYPT
ARGENTINA
BRAZIL
ISRAEL
NETHERLANDS
COLOMBIA

돈의 쓴맛

이집트 EGYPT

—

신비로움이 가득한
아라비안 나이트의 나라

환영 인사를 건넨 입국장의 스핑크스

《아라비안 나이트》가 심어준 아라비안 판타지에 설레며 이집트 입국장에 도착했다. 심사관 앞으로 가서 여권을 내밀었다. 잠시 여권을 살펴보더니 나에게 질문을 던진다.

"두 명의 자매가 있습니다. 언니가 동생을 낳고, 다시 동생이 언니를 낳습니다. 두 명의 자매는 누구입니까?"

무엇을 목적으로 방문했느냐라는 말이 아닌 예기치 못한 질문으로 머릿속은 하얘지고 식은땀이 나며 어버버 하게 된다. 당황한 여행자를 앞에 둔 심사관은 "환영한다"는 짧은 인사말과 함께 입국장 도장을 찍어준다. 여권을 받고 정답을 물었더니 씨익 웃으며 "낮과 밤"이라고 말해준다. 참으로 이집트다운 환영 인사다.

전 세계 다이버들은 왜 다합으로 오는가

입국장을 넘어 메마른 땅을 10분쯤 걸어가니 버스터미널이 나온다. 다합^{Dahab}으로 가는 버스를 확인하니 4시간 후에나 출발

한다고 한다. 고통스러운 더위 속에서 4시간을 기다릴 생각을 하니 끔찍했다. 뇌가 녹아내리기 직전에 버스가 도착했다. 에어컨 바람이 가득찬 버스에 오르니 천국이 따로 없다.

물가가 저렴하고 환상적인 바다가 있는 다합은 다이버들의 성지다. 백미는 세계에서 가장 위험한 다이빙 포인트로 알려진 블루홀 다이빙이다. 몇 곳에서 확인하니 블루홀 스노클링 가격은 60파운드(약 9,000원) 정도다. 믿기 힘들겠지만 픽업, 스노클링 세트, 점심, 음료가 포함된 가격이다. 픽업 트럭을 타니 먼지를 풀풀 날리며 비포장도로를 달렸다. 달리는 픽업 트럭 옆으로 2층 높이의 낙타들도 달리고 있다. 그 속도가 어찌나 빠른지 보는 것만으로도 겁이 날 정도다. 영화 〈아라비아의 로렌스〉에서 낙타가 사막을 달리는 장면이 떠올랐다. 수백 마리의 낙타들이 사막을 달리는 그 장면을 보면 전율하지 않을 사람이 없을 정도로 감동적이다.

차를 타고 30분 정도 걸려 블루홀에 도착했다. 황량한 땅 위에 허름한 식당 몇 개가 있을 뿐이다. 여기로 여행자들을 실은 버스가 끊임없이 들어온다.

도착해서 지정된 레스토랑으로 갔다. 위층으로 올라가 내려다보니 거리에는 프리다이빙을 하는 사람과 스노클링을 하는

다이버들의 천국, 다합.

사람이 뒤섞인 인파가 보인다. 숨 좀 참는다는 프리다이버들이
모두 이곳으로 모이는 듯하다. 부럽다. 물속에서 1분만 참아도
좋으련만 그들은 3분 이상씩 바닷속을 누빈다. 그들은 마스크
를 쓰고 핀을 차고 미끄러지듯 들어간다. 너무 멋지다! 시선을
바다로 옮기니 블루홀이 보인다. 블루홀은 아주 깊은 바다색을
띄고 있어 쉽게 구별된다. 경이롭고 아름답고 무서운 블루홀에
눈을 뗄 수가 없다. 끝이 보이지 않는 깊은 바다다. 전 세계 다

이버들이 왜 다합으로 모이는지 알 것 같다.

드디어 나도 바닷속으로 들어가기 위해 10분 정도 준비 과정을 거쳤다. 체온을 유지할 수 있는 슈트를 입고 최소 2인 1조로 짝을 맞춘다. 깊이 들어갈 실력이 안 되기에 스노클링 장비도 찼다. 긴장을 풀고 필리핀에서 배운 프리다이빙 호흡법을 시작했다. 배와 가슴에 공기를 채우고 바닷속으로 머리를 밀어넣었다. 협곡 능선을 따라 블루홀로 내려갔다. 블루홀을 직접 눈으로 목격하니, 이 감동을 표현할 단어는 지구상에 없다고 느껴졌다. 협곡을 따라 내려가 산호를 잡고 멈췄다. 그리고 수면 위를 올려다봤다. 눈물이 날 정도로 아름답다.

체온을 서서히 잃어갈 때쯤 물 밖으로 나와 숙소로 돌아왔다. 샤워를 하고 소파에 누웠다. 낮잠을 자기엔 소파만큼 좋은 곳이 없다. 한숨 푹 자고 일어났더니 벌써 해가 뉘엿뉘엿 지고 있다. 바람도 쐴 겸 파도가 벽을 치는 카페로 갔다. 철석거리는 소리가 경쾌하다. 상호가 에브리데이 카페Everyday Cafe다. 이름처럼 매일 오고 싶은 곳이다. 카페에는 노란색 고양이도 한 마리 있어 적적하지 않았다. 붙임성이 좋아 고객들의 사랑을 듬뿍 받는다. 숙소로 돌아와 창문을 열어놓고 파도 소리를 들으며 잠을 청했다. 경이롭고 아름다운 하루다.

에브리데이
카페 풍경.

어딜 가나 사람 사는 법은 같다

저녁에 카이로Cairo의 사다트 역에서 이집트인 친구 헨드를 만나 맥도날드로 갔다. 헨드는 한국어 학을 전공하고 한국 기업에서 일하고 있다. 한국 사람들과 일을 하는 것에 고충이 있어 보였다. 한국 사람들은 기계처럼 일만 한다며 어떻게 그렇게 살수 있느냐고 질문을 해왔다. 어떻게 답변을 해줘야 할지 난감했다. 여행을 다니면서 한국인이라고 밝히면 이런 질문을 종종 받는다. 나도 회사 다닐 때 그렇게 일했고, 한국은 노동시간이 길기로 손꼽히는 국가다. 잠시 생각하다 다음과 같이 설명을 해주었는데 맞는지 모르겠다.

"50년 전만 해도 한국은 아주 못 사는 국가였어. 땅도 좁고 활용할 자원도 부족해서 노동력으로 부족한 자원을 대체하며 지금의 대한민국을 일궈왔어. 그렇게 오랜 기간 선배의 선배의 선배로부터 일을 배워오다보니 습관적으로 많은 시간 일을 하는 것 같아. 지금은 점점 인식이 바뀌어 한국은 변화의 시기를 맞고 있는 것 같아."

다음 날, 헨드와 피라미드를 보러 갔다. 무슬림 여자와 외국인 남자가 함께 다니면 경찰들이 잡으니까 경찰 앞에서는 모른

이집트 친구 헨드와 식당에서.

척하잔다. 설마 그럴까 싶어 믿지 못했지만, 얼마 안 가 몇몇 사람들이 "왜 외국인 남자와 같이 다니느냐?"며 신경 쓰일 정도로 물어왔다. 척 봐도 직장동료처럼 보이지 않고 무슬림이 아니기에 물었던 것 같다. 이집트의 경우 무슬림 남자와 무슬림이 아닌 여자는 결혼할 수 있지만, 무슬림 여자와 무슬림이 아닌 남자와는 결혼이 허락되지 않는다. 결혼하려면 남자가 무슬림이 되어야 한다. 반면 바로 옆에 있는 리비아는 무슬림 여자와 무슬림이 아닌 남자의 결혼을 허용한다. 같은 무슬림이라도 국경 하나를 두고 규율이 다르다.

헨드 덕분에 헤매지 않고 기자 피라미드에 도착했다. 그곳에는 난다 긴다 하는 아랍의 협잡꾼들이 모여든다. 그래도 다행히 현지인과 동행하니 그들은 얼씬도 않는다. 뙤약볕 아래 덩그러니 놓여진 피라미드는 가까이 다가갈수록 웅장함이 느껴진다. 그 높이가 100미터가 넘는다고 하니 세계 7대 불가사의에 선정될 만하다. 여행자들이 가장 많이 몰린 곳은 단연 스핑크스다. 예상보다 꽤 커서 놀라긴 했지만, 워낙 미디어를 통해 피라미드와 스핑크스를 많이 접해서 그런지 새롭게 느껴지지는 않았다.

하루의 모든 일정을 헨드에게 부탁했다. 내 관심사를 미리 알

카이로의 칸 엘 칼릴리 시장.

려줬더니 저녁에는 칸 엘 칼릴리 마켓에 가자고 한다. 헨드의 뒤를 따랐다. 아! 내가 보고 싶었던 시장이다. 이집트의 전통을 그대로 간직한 전통시장이다. 카이로를 대표하는 이 시장은 마치 피라미드 속 유물을 꺼내놓은 것처럼 아름다운 제품이 많다. 시장을 구경하고 모스크(이슬람교의 예배당)로 향했다. 모스크 한 쪽에 앉아서 헨드의 꿈에 관한 이야기를 들었다. 이집트에 있는 한국 회사에서 통·번역 업무를 하고 있지만 기회가 된다면 한국에 있는 기업으로 취직을 하고 싶단다. 늘 글로만 읽고 미디어로만 접하는 한국을 직접 보고 싶다는 것이다.

하루 동안 무슬림 친구와 여행도 하고 밥도 먹고 꿈 이야기도 했다. 문화가 어떻든 어디에 살든 종교가 무엇이든 살아가는 고민은 똑같다.

시장 사람들은 나를 좋아해!

카이로의 칸 엘 칼릴리 시장 근처에는 여러 도매시장들이 있다. 향수, 향신료, 기념품, 화장품, 완구, 액세서리, 귀금속, 가방, 부자재, 패션의류, 신발, 건축자재, 가구, 가전제품, 휴대폰, 공구, 원단, 이불, 주방용품 등등 엄청나게 다양한 제품들이 팔린다. 이곳 사람들은 나를 무척 환대해줬다. 많은 이들이 다가와 호기심에 찬 눈빛으로 바라본다. 그리고 불러 세워 아랍어를 한다. 하지만 내가 아는 것이라고는 "슈크란(감사합니다)"뿐이다. 이들이 어쩌나 사진을 같이 찍고 싶어 하던지, 마치 연예인이 된 기분이 들었다. 이렇게 구석구석 걸어 다니며 사진 찍는 여행이 될 줄 알았더라면 홍보용 티셔츠라도 만들어 올 걸 그랬다.

로션이 떨어져서 시장을 돌며 찾아봤다. 어제 약국에서 로션

나를 반겨줬던
카이로 시장 사람들.

카이로 도매시장 풍경.

을 달라고 했더니 바디로션을 주었다. 이것이 로션이란다. 얼굴
에만 사용할 거라 다른 걸 달라고 하니 얼굴에 발라도 된단다.
음! 맞는 말이지. 얼굴에도 발라도 된다. 그렇지만 나는 얼굴 전
용을 사고 싶단 말이다. 오늘도 마찬가지였다. 로션을 달라니까
이것밖에 없다며 꺼내온 것이 바디로션이다. "얼굴이요! 얼굴"
이라고 말했는데 얼굴에 발라도 된다는 같은 대답이 돌아왔다.
결론적으로 이곳 화장품 시장에는 스킨케어 제품보다 메이크

업 제품이 주를 이룬다. 남성의 경우 스킨케어 개념이 없다. 여자들의 경우는 어떤지 이집트 친구에게 물어보니 스킨과 로션은 바른다고 한다.

세 발로 날뛰는 천 마리의 낙타 시장

천 마리의 낙타가 날뛰는 모습을 본 사람은 드물 것이다. 나는 그 광경을 이집트에서 봤다. 카이로에는 낙타가 거래되는 시장이 세 곳 있다고 한다. 그중 비르카쉬에 있는 낙타 시장이 제일 크다. 대중교통으로 낙타 시장 가는 길을 확인했는데, 매우 복잡했다. 금요일 오전 7시부터 10시까지 낙타 경매가 진행된다고 한다. 경매시간을 맞추기가 어려워 택시를 탔다. 나세르 역에서 왕복 70킬로 정도 되는 거리를 150파운드(약 21,000원)로 협상했다.

시장 근처에 도착하자 낙타를 가득 실은 차들이 빠져나오고 있다. 생전 처음 보는 낙타 시장은 어떤 모습일까? 설레는 마음을 안고 낙타 시장으로 가는 풍경을 내다봤다. 그런데 그리 멋지기만 하지 않다. 길가 곳곳에는 죽은 낙타가 버려져 있고 부패되서 고약한 썩은 냄새가 난다. 개 한 마리는 낙타를 뜯고 있다. 충격적이다. 코를 파고드는 냄새가 메스껍다. 한참이 지나도 썩은 냄새가 코끝을 떠나지 않는다. 드디어 낙타 시장에 도착했다. 외국인은 입장료 25파운드(약 3,750원)와 카메라 사용료 20파운드(약 3,000원)를 내야 한다.

시장에 입장하니 놀라운 장면이 펼쳐진다. 천 마리의 낙타가 눈앞에 장관을 이루고 있다. 도망다니는 낙타도 있고 그 뒤를 쫓는 사람도 보인다. 도망치는 낙타를 쫓아가 몽둥이를 치켜들면 낙타들은 눈을 껌뻑거리며 고개를 뒤로 젖힌다. 2층 높이나 되는 낙타들이 몽둥이에 꿈쩍도 못한다. 택시기사의 도움을 받아 가격을 물어봤다. 4~9세 정도 하는 젊은 낙타가 7,000파운드에 거래된다고 한다. 약 100만 원이다.

낙타 경매하는 곳은 싸움에 가까운 광경이 펼쳐진다. 아랍어를 이해하지 못하지만 짐작이 가는 광경이다. 가격을 조금 더 비싸게 팔고 싶은 낙타 주인과 최대한 싸게 구매하려는 상인들 사이에서 완력이 오간다. 어느 낙타 주인은 협상이 잘 되지 않자 얼굴을 붉히며 애꿎은 낙타를 후리고 자리를 벗어났다. 낙타만 고생이다. 커다란 낙타들이 성큼성큼 어찌나 잘 뛰어다니는지 바닥에서 쿵쿵 소리가 난다. 도망가지 말라고 낙타 앞

낙타 경매 모습.

비르카쉬의 낙타 시장.

다리 중 하나를 묶어 세 발로만 걷게 하는 기이한 풍경도 펼쳐진다.

이곳에 모인 낙타는 천 마리가 넘는다고 한다. 정말 큰 규모다. 생전 이렇게 많은 낙타는 처음 본다. 낙타 시장을 2시간 정도 구경했을 뿐인데 하루 종일 낙타 냄새가 났다. 돌아오는 길에는 낙타 고기를 파는 노점도 보인다.

아르헨티나 ARGENTINA

—

조용하거나
타오르거나

상어 이빨처럼 삐쭉 솟아오른 기괴한 산

남미에 겨울이 있는 줄 몰랐다. 매일 뜨거울 것만 같았던 남미에 도착하고 보니 겨울이다. 그제서야 남미에도 겨울이 있다는 것을 알았다. 여름용 옷만 준비해 곤혹을 겪었다. 반바지 위로 긴바지를 껴입고 반팔 위로 남방과 가을 재킷을 껴입고 난리도 아니었다. 그래도 추위에 못 이겨, 결국 두께감이 있는 재킷을 구매했다.

엘 칼라파테El Calafate에서 맑고 푸른 모레노 빙하를 보고 엘 찰튼El Chaltén으로 갔다. 비수기라 텅텅 빈 거리가 마음에 들었다. 그런데 마트 진열대도 텅텅 비어 있을 줄이야! 2박 3일 동안 배 속도 텅텅 비어 있어야만 했다.

엘 찰튼은 묘한 마을이었다. 아침 9시가 넘어야 날이 밝고, 태양은 낮게 떠서 그 자리에 머물다 사라진다. 신기하게도 솟아오른 태양은 하루 종일 산 언저리에 머문다. 날이 밝자마자 먹을 것을 챙겨 피츠로이 산으로 향했다. 비수기라 산을 오르며 대여섯 명 본 것이 전부였다. 사람이 없어 무섭기보다 오히려 조용해서 좋았다. 정상까지 거리는 왕복 20킬로가 조금 넘는다. 총 7시간을 걸었다.

엘 칼라파테로 가는 몽환적인 도로.

병에 담아 팔고 싶을 정도로 맑은 산 공기는 뇌 속 뉴런 돌기를 자극했다. 여행에 지쳐 멜팅 포인트를 넘어선 뇌는 서서히 응고점을 찾아갔다.

'정말 아름다운 곳이다.

내가 언제 이곳에 다시 올 기회가 있을까?

세상에는 피츠로이처럼 아름다운 산이 얼마나 많을까?'

하산하는 사이 길이 어둑어둑해졌다. 이런 시간에 산속에서 살아 있는 무엇인가를 만난다는 건 반갑기보다 무섭다. 상어 이빨을 닮은 날카로운 피츠로이 산을 보고 내려오는 길에 커다란 짐승 두 마리를 만났다. 멀리서 나무 사이로 보이는 갈색 물체를 보고 놀랐다.

휴, 말이구나. 이런 산속에서 다니는 걸 보면 주인을 잃은 걸까? 산에 말이 살기도 하는 걸까? 어찌되었든 말에게 말을 걸어봤다. "야!" 하고 부르자 쳐다본다. 가까이 갈수록 말이 꽤 크고 튼실해 보인다. 말을 향해 "뭐해?" 라고 말을 걸었다. 끄덕인다. 한 손을 흔들었다. 끄덕인다. 양손을 좌우로 흔들었다. 끄덕인다. "나 갈게" 하니 또 끄덕인다. 내 말을 알아들었다고 믿고

◀ 엘 칼라파테 마을.
▶ 산길에서 만난 말.

피츠로이 산으로 가는 길.

싶다. 먹을 때를 제외하곤 입을 벌린 적이 없을 정도로 외로운 트레킹이었다. 그래도 말과 교감한 시간으로 외로움이 조금이나마 채워졌다.

세 박자마저 쉬면 놓친다

아르헨티나는 한때 부국이었지만 몇 차례의 위기를 겪으며 나

락에서 사경을 헤매고 있다. 몰락한 귀족의 모습이지만 여전히 매력적인 여행지다. 나는 이곳에서 한 달 정도 머물면서 탱고를 배울 계획을 세웠다.

한 박자 쉬고 두 박자 쉬고 세 박자마저 쉬다 박자를 놓친다. 정해진 때는 없지만 지금이 아니면 안 되는 것들이 있다. 지금이 바로 그때다. 요즘처럼 시간이 많고 자유로울 때 최대한 해보고 싶은 것들을 하는 중이다. 인생의 박자를 놓치고 싶지 않다.

여행 중 내 젊음의 불꽃을 피워보고 싶었다. 불꽃 같은 사랑도 하고 술에 취해 오늘을 잊기도 하고, 음악에 내 몸을 맡겨보고도 싶다. 드레드록을 길게 늘어뜨리고 목부터 가슴 그리고 팔까지 타투를 두르고 싶다. 내 인생의 불꽃은 언제일까? 오늘일까? 내일일까? 아니면 어제였을까? 불꽃은 신기루를 닮았다. 한순간에 피어올랐다가 순식간에 사라진다. 신기루처럼 사라질지라도 재가 될 때까지 내 젊음을 태워보고 싶다.

보통의 일상은 나를 제한된 범주에 가둔다. 어느덧 환경이라는 족쇄는 해야 될 것과 하지 말아야 할 것을 구분해놓는다. 그렇기에 이렇게 훌쩍 떠나온 여행은 떠난 그 자체만으로도 무한의 자유를 준다.

부에노스아이레스Buenos Aires에 도착해 유명한 탱고 스쿨에서

부에노스아이레스에서 탱고를 배우던 밀롱가.

한 달 과정의 수업을 신청했다. 잘 나서지 못하는 성격 때문에 실력이 잘 늘지 않는다.

'아! 댄싱머신이 되고 싶단 말이다!'

수업 이후에도 춤 실력을 쌓기 위해 탱고를 즐기는 장소를 뜻하는 '밀롱가'로 갔다. 눈치만 보고 쭈뼛쭈뼛거리다, 겨우 한 번 춤 신청하고 몇 곡 추고는 숙소로 돌아오는 것이 반복됐다. 허기지고 늘 아쉽다. 조금만 더 적극적인 성격만 되었어도 실력이 빨리 늘 텐데 아쉽다.

그래도 끊임없이 밀롱가를 방문해 파트너를 부둥켜안고 고개를 떨군 채 스텝을 밟았다. 흐느적거리다 보면 발을 밟기도 하지만 파트너는 언제나 미소로 괜찮다고 말한다. 그렇게 여행을 하다보니 할 수 있는 것들이 하나둘 생긴다. 신기하게도 할 수 있는 것이 많아질수록 바구니에 넘칠 정도로 하고 싶은 꿈들도 생겼다.

얘들 미쳤다, 〈푸에르자 부르타〉 공연

〈푸에르자 부르타〉 공연은 최고다! 그동안 본 공연 중에서 〈태

공연을 즐기는 관객들의 모습.

양의 서커스〉와 견줄 정도로 감동적인 공연이었다. 무엇보다 13,000원이라는 저렴한 가격으로 이렇게 멋진 공연을 봤다는 것은 행운이다. 〈푸에르자 부르타〉는 고난도 퍼포먼스로 유명한 뮤지컬 작품이다.

공연장은 크지 않았다. 사람들을 안으로 밀어넣고 통제하더니 이내 공연장은 조용해졌다. 그리고 불이 꺼지고 음악이 깔리며 공연 시작을 알렸다. 오프닝곡이 끝나고 공중그네를 탄 사람 뭉치들이 괴성을 지르며 장내를 열기로 채우기 시작했다. 그들의 퍼포먼스와 괴성으로 이미 몇몇은 이성을 잃고 좀비가 되어 손을 하늘로 뻗어 올렸다.

공연의 하이라이트는 하늘을 걷는 흰 옷을 입은 사내가 벽을 통과하는 장면이다. 그 장면은 아직도 기억에 또렷하다. 이 공연은 아르헨티나를 떠나기 전 아쉬움을 달래는 용으로 큰 기대는 없이 예매했다. 그런데 공연이 시작하는 순간부터 한 시간 내내 전율이 흘렀다. 선 채로 오줌을 지리는 줄 알았다. 단연코 말할 수 있다. 이 공연은 미쳤다!

공연 덕분에 아르헨티나에 대한 인상이 더 확실해졌다. 파이어!

〈푸에르자 부르타〉
공연 모습.

브라질 BRAZIL

—

블로거와 함께한
해외 직구 도전기

해외 직구의 큰손이 되다

여행하며 돈을 버는 몇 가지 방법이 있다. 대표적인 것은 워킹홀리데이이다. 그리고 프리랜서 여행 작가, 여행 사진 판매, 크루즈에서 일하기, 스쿠버다이빙 강사, 해외 직구, 프리마켓 참가 등등이 있다. 최근에는 유튜브, 페이스북, 인스타그램 등등 소셜미디어에 여행 크리에이터들이 재미있는 영상을 만들면, 여행 업체가 협찬해 마케팅 비용을 받는 일도 많아졌다.

브라질에서는 무슨 일을 하며 돈을 벌까 하다가 해외 직구가 떠올랐다. 블로그 이웃 중에 해외 직구를 하는 이웃들이 몇 있기에 손쉽게 정보를 얻을 수 있었다. 우선 그들에게 남미에서 해외 직구를 할 만한 제품을 추천받는다고 문의했다. 돌아온 대답 중 눈에 띄었던 것은 브라질의 인기 신발 브랜드인 '멜리사'와 '하바이아나스'였다. 직구를 전문적으로 하는 블로거가 함께할 것을 제안했다. 그 블로거의 이름은 '직구의 여신', 내 블로그명은 '아시아의 상인' 그래서 '직구의 여신 × 아시아의 상인이 함께하는 해외 직구'를 시작했다. 가장 먼저 신경 쓴 부분은 관세였다. 관세청에서 확인해보니 직구 물품 통관 방법은 목록통관과 수입신고가 있다. 해당 국가와의 무역 협정이나 제

해외에서 인기가 높았던 하바이아나스 신발.

품, 가격에 따라 세율이 달라진다는 얘기를 듣자 머리가 어지러워졌다. 다행인 건 '가상 구입물품 세액 조회' 서비스를 이용하면 예상 세액을 조회할 수 있다. 그리고 든든한 직구의 여신이 동업자이기에 어렵지 않았다.

블로그에 해외 직구를 한다는 글을 올리고 며칠이 지났다. 기대가 높지 않았는데 놀라운 일이 벌어졌다. 약 일주일 만에 300만 원어치 선주문을 받았다. 두둑히 돈뭉치를 가방에 넣고 매장을 돌며 제품 픽업을 시작했다. 내가 사용할 제품들은 아니지만 돈 쓰는 재미가 짜릿하다. 다들 이 맛에 돈을 벌고 쓰나 보다.

대부분 남미 국가는 스페인어를 사용하지만, 브라질은 포르투갈어를 사용한다. 그래서 기본적인 인사와 가격 물어보는 것을 익혀 매장을 돌았다. 어려운 내용은 번역기를 돌려 대화했다. 제품을 찾으러 매일 같이 매장들을 다녔더니 나름 제품 픽업 요령이 생겼다.

돈을 뭉텅이로 들고 다니니 부자로 보였는지 매장에서 VIP 대우를 한다. 그 짧은 며칠 사이 모바일 메신저 '왓츠앱'을 통해 관리해주는 담당 직원이 생겼다. 주문 들어온 제품 사진을 보내면 즉각적으로 재고에 대한 답변이 왔다. 매장에 가기 전 제품 목록을 보내놓으면 제품이 준비되어 있었다. 그저 제품명과 사이즈만 확인하면 됐다. 현금으로 구매하면 10% 추가 할인이 되니 해외 직구 하는 재미가 쏠쏠하다.

직구는 물류도 중요하다. 브라질은 한국과 정반대편에 있는 지역으로 물류비가 비싸고 배송 기간이 상당히 길다. 무게와 배송 기간에 따라 적합한 배송 방법을 찾는 것이 중요하다. 브라질에서는 해외 물류는 주로 코레이오스와 세덱스를 이용한다.

택배를 보냈던
브라질 우체국.

코레이오스는 우리나라로 치면 우체국이고 세덱스는 민간 물류회사다.

또한 제품 픽업도 중요하다. 세일은 언제 하는지, 신제품은 언제 출시되는지, 한국과의 제품 출시 시기는 어떻게 다른지 등을 고려해 어떻게 하면 저렴하게 더 좋은 제품을 확보할 수 있는지가 관건이다.

목요일 저녁까지 제품 주문을 마감하고 금요일 오전 우체국으로 향했다. 양손에 한가득 제품을 들고 우체국에 들어서자 이목이 집중되었다. 번역기의 도움을 받아 한 시간 넘게 걸려 포장을 하고 영수증을 손에 들었다. 한국으로 배송될 박스를 보니 뿌듯하다. 2주 후 한국에 도착해 직구의 여신이 개별 배송을 했다. 재고 하나 남기지 않고 마진율 16%나 되는 짭짤한 해외 직구를 했다. 약 10일 정도 시간을 들였다. 여행하며 투자 대비 이만큼 짭짤한 일도 드물 것이다.

총성 없는 전쟁

브라질은 세계지도에서 보듯 정말로 크다. 옆 도시에 가려면 10

시간은 기본이다. 상파울루Sao Paulo에서 리우 데 자네이루Rio de Janeiro로 이동했다. 때마침 리우 데 자네이루 올림픽 시즌이다. 솔직히 평소에 올림픽에는 관심이 없었지만, 이런 메가이벤트를 볼 기회가 또 언제 있을까란 생각이 들어 관람을 하기로 했다. 관람 종목으로 양궁을 선택했다. 오래전 특별한 취미를 갖고 싶어 이것저것 찾아보다 양궁이나 펜싱을 배워보고 싶다는 생각을 했던 기억이 있다. 실제 양궁 경기는 어떨까 궁금하기도

리우 올림픽 양궁 경기.

했고, 양궁은 우리나라의 대표적 금메달 스포츠이기에 응원하는 재미가 있지 않을까 해서 50헤알(약 17,000원)에 예매 했다.

양궁 경기는 고요하지만 스릴이 넘쳤다. 선수가 활시위를 당기면 묘하게 관객들도 같이 숨을 멈추게 된다. 다른 종목과는 다르게 보는 관객들이 숨죽여 응원한다. 활시위를 놓음과 동시에 화살은 과녁에 닿는다. 점수가 확인되면 관객들은 참았던 숨을 쉬며 박수를 친다.

선수들도 치열한 경기를 치루지만
올림픽에는 총성 없는 전쟁이 하나 더 있다.
바로 광고다.

리우 데 자네이루의 온 도시가 올림픽 광고로 도배되어 있다. 스폰서 기업들은 당당히 자기네 로고를 내걸고 광고한다. 건물 외벽에는 커다란 옥외광고가 걸려 있고 건물 내부에는 올림픽 상품들이 진열되어 있다. 시선이 몰리는 곳에 어김없이 광고가 자리한다. 안에서는 선수들이 기량을 뽐내고 밖에서는 기업들의 총성 없는 마케팅 각축장이 열린다.

'구원의 예수상'은 리우 데 자네이루의 대표적 관광지다. 트

구원의 예수상.

램을 타고 산으로 올라가면 예수상 아래에 도착한다. 계단을 오를수록 예수상의 크기에 놀라기보다 예수상 아래에 몰린 인파에 놀라게 된다. 고개를 돌려 주변을 관찰했다. 사방으로 산과 바다로 둘러싸인 리우의 모습이 아름답다.

개천에서 사라진 용

밤 9시, 배낭을 메고 버스를 기다리고 있었다. 노상강도를 만날까 긴장되었다. 앞뒤를 두리번거리며 지나가는 버스의 번호를 확인했다. 그렇게 한 20분 정도 기다렸을까? 드디어 기다리던 버스가 와서 손을 번쩍 들었다. 그리곤 버스에 올라타며 "카쵸파!"라고 외쳤다. 뭐냐는 표정이길래 "캬쵸파! 카쵸파!"를 다시 외쳤다. 여전히 버스기사는 어리둥절한 표정이다.

안 되겠다 싶어 휴대폰을 꺼내 구글 지도를 보여줬다. 버스기사가 그제야 알겠다며 "카쇼파Cachopa!"라고 외쳤다. 승객들이 그 말에 웃음이 터지고 돌림노래 퍼지듯 "캬쇼파!" "캬쇼파!" 한다. 버스 안의 승객들이 웃자 나도 긴장이 풀어지며 웃게 되었다.

카쇼파 역은 리우 최대의 슬럼가, 호시냐Rocinha 지역이다. 호시냐는 슬럼 투어가 있을 정도로 위험한 곳이라는 말에 겁을 먹었다. 로스앤젤레스의 갱 투어는 알고 있었어도 브라질의 슬럼가 투어는 처음 들었기에 적잖이 당황했다. 무서운 소문으로 가득한 슬럼가에 밤 9시가 넘은 시간에 가려니 겁을 먹지 않을 수 없었다. 그런데 숙소의 호스트인 제시카는 계속 "문제없어, 드루와, 드루와, 큰 도로에는 사람이 많아"라고 말할 뿐이어서 이해가 가지 않았다.

그런데 막상 도착하니 거리에 사람들이 정말 많다. 다들 각자의 밤을 즐기고 있어서 불안한 느낌이 들지 않았다. 그렇게 고요한 태풍의 눈에 조용히 안착했다. 제시카의 집에는 영국인 게스트도 한 명 더 있었다. 함께 이런저런 이야기를 나눴다. 제시카의 말에 의하면 시내 쪽은 집세가 높아 어쩔 수 없이 이곳에 살게 되었는데 살다보니 살 만하다고 한다.

사니까 살 만해지긴 하지만 브라질도 개천에서 용 나오는 시절은 끝난 듯 보였다. 좋은 부모 그러니까 돈이 있든, 권력이 있든, 좋은 직업을 갖는 부모의 자녀들이 그렇지 않은 자녀와 비교해 좋은 대학에 가고 좋은 직업을 갖게 된다는 것은 누구나 알고 있는 사실이다. 브라질에서는 교육수준이 낮을수록 일찍 결혼하는 경우가 많다. 그리고 상당수는 헤어지게 되고 한부모 가정이 된다. 이들은 경제적 능력이 높지 않기에 빈곤의 악순환은 반복된다. 생활고를 겪는 청소년들은 갱단에 가입한다. 그리고 이들이 모이는 곳은 위험한 지역이 된다고 한다.

3일 동안 제시카의 집에 머물면서 슬럼가를 돌아다녔다. 이웃 간 비밀이 없을 정도로 집이 다닥다닥 붙어 있다. 한집에 여러 가구가 살기도 한다. 웃음이 넘쳐나고 만났던 이웃들은 모두가 내 안전을 걱정해줬다. 슬럼가에 산다고 모두가 갱단이 되는 건 아니다. 대부분 사람은 숭고한 노동의 땀을 흘리며 하루하루 최선을 다해 살아간다. 그리고 밤이 되면 집으로 돌아와 동네에서 술 한잔으로 고단함을 달랜다. 이것이 내가 본 그들의 모습이다. 외부인이 들어가기엔 위험한 건 사실이지만 그들도 우리네와 다를 바 없는 삶을 살아간다.

리우의 슬럼가
호시냐의 낮 풍경.

이스라엘 ISRAEL

—

스타트업으로 본
새로운 시대를
준비하는 법

올드타운에서 베이스캠프를 세우다

여행자들은 숙소를 구할 때 동선을 고려한다. 동선이 편이하게 대중교통이 발달된 곳, 그러면서도 저렴한 숙소가 있는 곳을 누구나 원한다. 그런 곳으로 여행자들이 모이고 상권이 형성된다. 예루살렘Jerusalem의 올드타운이 그런 장소다. 이곳에는 여행자들을 위한 편의시설과 숙소가 몰려 있다. 나 역시 올드타운에서 이스라엘 여행의 베이스캠프를 세웠다.

어둑해질 무렵 유대인들이 하나둘 모이기 시작했다. 그들은 누군가에게 쫓기듯 발걸음을 재촉했다. 어딜 저렇게 가는 것일까? 궁금하여 뒤를 밟았다. 미로 같은 구불구불한 골목으로 들어간다. 행여 놓칠세라 바짝 뒤를 추격했다. 골목을 빠져 나오니 커다란 벽이 보였다. 벽 앞에는 유대인들이 많이 모여 있다. 그들은 벽 주위로 둥글게 모여 노래를 부르기도 하고 벽을 향해 기도를 올리기도 한다. 이 벽은 '통곡의 벽'으로 불리는 예루살렘 성전의 '서쪽벽'이다.

구약성서에 의하면 솔로몬 왕은 예루살렘에 장엄하고 아름다운 성전을 세웠다. 그 후 성전은 전쟁 등으로 파괴되었으나,

예루살렘의 서쪽벽.

헤로데스 왕이 예수 그리스도 시대에 재건했다. 이 벽은 구약성서에 나오는 성전의 서쪽 일부라 여겨 서쪽벽이라 불렀다. 통곡의 벽이라 명칭한 이유에 대해서는 다음과 같은 두 가지 유래가 전해진다. 하나는 예수가 죽은 뒤 로마군이 예루살렘을 공격해 많은 유대인을 죽였는데, 이 같은 비극을 지켜본 성벽이 밤이 되면 통탄의 눈물을 흘렸다는 설이다. 다른 하나는 유대인들이 성벽 앞에 모여 성전이 파괴된 것을 슬퍼했기 때문에 붙여진 이름이라는 설이다.

이스라엘 거리 풍경.

스타트업은 무엇으로 육성되는가

이스라엘 하면 '창업국가'로 유명하다. 그 유명세를 확인하기 위해 검색했더니 대부분의 기업들은 텔아비브Tel Aviv에 있다. 며칠 전 예루살렘에 있는 JVP(예루살렘 벤처 파트너스)에 메일을 보냈는데 회신받지 못했다. 떠나는 당일이 되어서야 부랴부랴 전화를 걸어 더듬더듬 영어를 했더니 메일로 주면 좋겠다는 답변이 온다. 메일로 오늘 텔아비브로 떠나야 해서 바로 방문을 하고 싶은데 가능한지 물었다. 다행히도 오란다. 이미 근처에서 대기 중이었기에 곧장 가서 벨을 누르니 통화했던 담당자가 나왔다. 영어도 어설프고 혼자만 급했던 탓에 그들에게 바보 같이 보였겠지만 기어코 방문하고야 말았다. 담당자가 JVP 내부를 돌며 건물을 소개했다. 내부에 입주해 있는 창업 지원기관인 시프텍도 둘러보고《창업국가》책에 나온 사무실도 구경했다.

나는 세계 일주 내내 스타트업 생태계를 엿볼 수 있는 인큐베

JVP 건물 내부.

이터와 코워킹 스페이스에 방문하고, 네트워킹 파티와 교육에 참가했다. 느낌을 간단히 정리해보면, 한국의 창업 교육 프로그램이 뒤처진다고 느껴지지는 않았다. 문제는 따로 있다. 이스라엘이 제2의 실리콘밸리로 불리고 있는데 그 이유는 스타트업으로 돈을 끌어오는 능력인 것 같다. 한국 스타트업에게 필요한 건 더 이상의 교육이 아니라 자본이다. 외국에는 실패를 실패로 보지 않는 사회적 분위기가 형성되어 있는데 그것 또한 창업하기 좋은 여건인 것 같다. 창업 실패자라고 낙인찍지 않기 때문에 재기의 기회를 노려볼 수 있다.

구글 캠퍼스에서 스타트업 교육에 참가하다

텔아비브는 자타공인 스타트업의 도시다. 디지털 노마드와 힙스터가 모이고 스타트업 프로그램이 매일 밤마다 개최된다. 텔아비브에 있는 스타트업 인재들의 삶을 엿보려고 네트워킹 파티나 프로그램을 찾아났다. 그중 구글 캠퍼스에서 진행하는 프로그램에 시간이 맞아 참가 신청을 했다. '스타트업을 위한 마케팅' 교육에 참가하게 되었다.

프로그램 참가를 위해 구글 캠퍼스로 갔다. 교육 전이라 자유롭게 다과를 하며 자율적 네트워킹 중이었다. 이 시간이 무척이나 괴롭다. 시장에 가면 적극적인데 이런 곳에만 오면 늘 어딘가 아픈 것처럼 축 처진다. 이상하게 이런 장소는 아무리 가도 적응이 안 된다. 꿔다놓은 보릿자루처럼 뻘쭘하게 서 있었다. 그때 힙스터 할머니가 다가오더니 쿨하게 악수와 인사를 건넨다. 그리곤 '네트워킹 파티는 이렇게 하는 것이야!'라는 표본을 보여준다.

할머니라고 말이 느릴 것이라는 편견을 깨주었다. 말이 너무 빨라 못 알아들을 정도다. 힙스터 할머니 덕분에 외톨이 신세는 면했지만, 긴장해서 녹초가 됐다. 누구라도 들리지 않는 영어를 20분 정도 듣는 척해봤다면 내 상태를 알 것이다. 알아듣지 못하는 영어가 연달아 쏟아져나오니 말들은 그저 하나의 파동처럼 오른쪽 귀를 통해 왼쪽 귀로 흘러나갔다. 심지어 할머니의 입에서 쏟아져나오는 무자비한 언어 폭격에 환각에 빠졌다. 그렇게 살아서는 나올 수 없는 개미지옥에 빠져 결국, 넋을 잃은 후에야 좌석에 앉을 수 있었다.

강사가 인사를 하고 강의가 시작되었다. 청강생들의 자세가 일품이다. 배우러왔다기보다 마치 '어디 한번 들어나 봅시다' 같

◀ 구글 캠퍼스
　참여자들.
▶ 구글 캠퍼스
　안내 표시.

교육 프로그램 중.

은 자세랄까. 강의가 시작되자 조용해지는가 싶더니 누군가 손
도 들지 않고 질문을 한다. 강의의 흐름을 깨는 건가 싶어 당황
했다. 그런데 질문과 답변이 꼬리에 꼬리를 물고 다른 청강자들
까지 대화에 참가하며 토론 형식이 되었다. 당황스러움은 한순
간에 놀라움으로 바뀌었다. 인상적으로 느껴졌다. 강의가 끝났
음을 알리자 열띤 토론에 최선을 다해 박수를 쳤다. 여러 가지
로 낯선 상황에서 위축되었던 몸과 마음에 생기가 도는 기분까

지 든다. 뜨거웠던 열기에 절로 흥분한 것이다. 밖으로 나와 거리를 걷는데 이렇게 상쾌한 밤일 수가 없다.

작가가 되어 농산물 시장으로 잠입 취재

텔아비브에서 외곽으로 빠지면 농산물 도매시장이 있다. 구글 지도상에는 New Wholesale Market이라고 적혀 있다. 패션 도매시장일 것이라는 막연한 생각으로 무작정 버스를 타고 그곳으로 갔다. 막상 도착해 출입하는 차량을 보니 농산물 시장이다. 그래도 여기까지 왔으니 구경은 해야겠다는 생각으로 입구로 갔다.

그런데 출입을 제지하는 것이 아닌가! 순간 재치가 떠올랐다. 기자로 할까, 작가로 할까? 그래 작가로 하자!

"저는 시장에 대해 책을 쓰는 작가입니다. 내부를 둘러 볼 수 있을까요?"

"잠시만요… 이쪽 안으로 들어오시죠. (CCTV모니터를 보여주며) 지금은 보시다시피 텅텅 비어 있고 농산물들이 들어오고 있습니다. 그 모습이라도 보고 싶다면 들어가세요."

"네, 감사합니다."

농산물 도매시장에 물건이 입고되는 모습을 지켜보았다. 사막이 넓어 수입산이 많을 것이라 생각했는데 의외로 모든 제품이 자국에서 재배되었다. 호박이라든지 파, 가지는 한국에서 보던 크기가 아니었다. 몇 배는 컸다.

농산물 시장 내부를 둘러보고 관리실에서 이런저런 이야기를 나누다 어느새 관리인들과 친구가 되었다. 관리인들이 커다란 수박 한 통을 선물로 줬다. 수박의 크기도 어마어마해서 들

농산물 도매시장의 크기가 커다란 농산물.

고 갈 수 없을 정도로 컸다. 그래서 관리실에서 함께 수박을 잘라 먹었다. 수박이 꿀맛이다. 이렇게 단 수박이 사막에서 키운 것이라니 믿을 수 없었다. 그러고 보니 텔아비브에서 에이라트로 가는 사막 중간중간에 하우스 단지를 봤던 기억이 난다. 아마 그곳에서 농작물을 키우나 보다.

사막이 많은 이스라엘이 농업 선진국이라는 것은 놀라운 사실이다. 이스라엘 농업은 1948년 국가 창립 이전부터 농업공동체에 의해 협동해 농작물을 생산해왔다. '이스라엘 골짜기 지역'이라고 불리는 곳이 이스라엘의 대표적인 농업 지역이다. 키부츠와 모샤브가 대표적인 농업협동조합이고 그곳에서 이스라엘 농업 생산의 80%를 차지하고 있다. 그러고 보니 세계 일주 전 키부츠 봉사 활동 이야기를 들어본 적이 있다. 키부츠는 사유재산을 인정하지 않는 대신 의식주, 교육, 의료 등등 삶에 필요한 대부분을 지원해주는 농업공동체다. 민주적인 방식으로 운영된다고 한다. 자원봉사 프로그램을 운영 중인데 전 세계 46개국에서 참가할 정도로 인기가 높다.

이스라엘은 국토의 절반 이상이 건조 지역이고 강우량이 불규칙적이어서 농업환경이 좋지 못하다. 환경적 어려움을 극복하기 위해 이스라엘 정부는 농업기술발전과 식량안보에 관심이

농산물 도매시장 관리인들.

높았다. 척박한 땅에서 농업이 가능한 집약적 온실생산체계를 이용해 겨울철에도 채소와 과일을 생산할 수 있는 시스템을 갖추면서 농업 선진국이 되었다. 그 결과 세계적인 농업국가로 발전한 이스라엘로 전 세계에서 농업 유학을 온다고 한다. 우연히 가게 된 농산물 도매시장에서 이스라엘이 잘하는 것을 하나 더 발견하게 되었다.

언어 하나만 배우는 유학은 의미 없는 시대

어학연수를 가는 사람들이 많다. 이력서에 외국어 능력을 증명하기 위해 어학연수라는 이력을 쓴다. 하지만 어학연수를 갔더라도 어학을 제대로 공부하고 오는 이는 솔직히 드물다. 그래도 어학연수 다녀온 것은 하나의 경력이 되는 시대다. 하지만 앞으로는 어떨까.

텔아비브에서는 호스트인 에이린과 친구들이 함께 사는 공동 하우스에서 머물게 되었다. 싱가포르 남자 2명, 이스라엘 여자 1명, 인도 여자 1명이 방 두 칸짜리 집에서 월 임대료 7,700세켈(약 200만 원)을 주고 살고 있다. 이들 넷 모두는 교환학생 후

텔아비브로 온 해외 인턴들.

텔아비브 근처의 해변.

이스라엘의 스타트업 기업에서 인턴십을 하고 있다. 유학생들은 한곳에서만 인턴십을 하는 것이 아니라 서너 곳의 스타트업에서 인턴십을 하면서 경험을 쌓는다. 이들은 매일 아침 8시에서 9시 사이에 출근하고 6시에 퇴근해 집으로 돌아온다. 때론 스타트업 커뮤니티를 통해 네트워킹 교육에 참가한다.

전 세계가 경쟁체제로 돌입하면서 인재들은 다양한 스펙을 쌓으려고 혈안이 되어 있다. 이들을 보면서 외국에 가서 언어 하나만 배우는 유학은 더 이상 의미가 없음을 알게 되었다. 또

한, 이제는 유학을 통해 국내에서의 경쟁력을 높이려는 시도보
다는 유학을 통해 해외에서 취업하려는 흐름으로 바뀌고 있음
을 체감했다.

네덜란드 NETHERLANDS

—

하이네켄과
크리스마스이브

묘한 오싹함이 좋았던 오버룩 호텔

버스에서 내리니 비바람이 세차게 반겨준다. 암스테르담^{Amsterdam}
센트럴 역으로 간 뒤 예약한 숙소로 이동했다. 오늘따라 차창
밖에 몰아치는 비가 무섭다. 비가 흐느끼는 소리를 내며 내린
다. 스산한 분위기와 함께 도착한 숙소는 영화 〈샤이닝〉의 배경
인 오버룩 호텔을 연상케 한다. 적막함 자체만으로도 묘한 공포
가 흐른다.

로비에는 카펫 청소 중이던 점원의 흔적만이 남아 있다. 카
펫 위에 청소 기계가 덩그러니 있다. 금방이라도 살아 움직일
듯 으르렁거린다. 점원이 숙소를 안내해준다. 이 적막함의 이유
를 묻기도 전에 그가 먼저 말을 꺼낸다.

"평일이라 당신 혼자뿐입니다."

100명 정도 수용 가능한 곳이지만 고객은 단 한 명뿐이다.
그게 나다. 여유로운 객실 덕분에 스위트룸을 배정받았지만 큰
의미는 없다. 숙소를 안내해준 점원이 문을 닫고 나가자 이 넓
은 공간에 존재하는 건 오직 혼자임이 절절히 느껴졌다.

호텔의 어느 곳이든 원하면 이용해도 되고 호텔 레스토랑의
10인용 테이블은 혼자 쓰기엔 너무 크다. 춤을 추며 토스트를

오버룩 호텔을 닮은 숙소.

구워도 나를 볼 사람은 없다. 마치 방학으로 텅 빈 학교에 있는 기분이다. 이렇게 느슨한 공포를 느끼며 넓은 방에서 잠을 청했다.

세계의 꽃은 이곳으로 모인다

암스테르담의 알스미어 꽃 도매시장을 보자마자 알게 되었다.

'이곳이 말로만 듣던 대로 세계 꽃 유통의 중심지구나!'

알스미어 화훼 경매장에 가면 계속 꽃향기가 따라 다닌다. 아쉽게도 도착했을 땐 경매가 끝나고 꽃이 빠지는 시간이었다. 하지만 팔리고 난 빈 상자만 봐도 이곳의 물량이 얼마나 많은지 단번에 알 수 있었다.

'튤립과 풍차의 나라' 네덜란드를 꽃 도매시장에서 직접 확인하고 싶지만 시간이 없다면 추천하는 곳이 있다. 싱겔 꽃시장으로 가면 다양한 꽃 상품을 구경하고 살 수 있다. 싱겔 꽃시장은 암스테르담에서 가장 오래된 운하인 싱겔 운하를 따라 위치한

암스테르담의 싱겔 꽃 시장.

다. 1862년부터 꽃 시장이 형성되었다 하니 150년이나 된 역사 깊은 시장이다. 다양한 꽃과 식물, 각종 씨앗, 정원 용품과 아기자기한 소품을 파는 가게들이 운하 옆으로 줄지어 있다.

하이네켄 브랜드가 가진 경쟁력

"비워라 그러면 채워질 것이다."

술장사 하는 사람들에게 딱 맞는 말이다. 그들은 술잔이 비워질수록 돈이 채워지게 된다. 하이네켄은 네덜란드의 유명 맥주 브랜드다. 개인적으로 하이네켄 같은 라거 스타일의 맥주를 좋아하지 않지만, 많은 사람들이 목 넘김이 시원하고 청량감 있는 라거 맥주를 즐겨 마신다.

겨울 여행은 낮이 짧기에 실내 투어는 주로 밤을 이용한다. 어두워지면 실내 투어를 하는 것이 효율적이다. 암스테르담의 길거리에 티켓을 파는 상점들이 있는데 그곳에서 각종 티켓을 저렴하게 구매할 수 있다. 18유로(약 23,000원) 티켓을 16유로(약 20,000원)에 구매해서 하이네켄 체험관으로 갔다.

한국의 소주 공장, 중국의 맥주 공장, 멕시코의 데킬라 공장을 견학했다. 견학 프로그램에서도 유럽과 아시아의 술 문화가 다른 것을 확인할 수 있었다. 칭다오 박물관은 박물관 투어를 하고 테이블에 앉아 조용히 맥주를 마시는 체험 공간이라면 하이네켄은 디제이 음악의 흥겨움에 취해 맥주를 즐기는 공간이다.

하이네켄 체험관은 모든 공간에서 관광객들이 체험 가능하도록 만들어져 있다. 4D 영상관람 공간, 맥주를 맛있게 마시는 법을 알려주는 공간, 스포츠를 즐길 수 있는 공간, 블루 스크린을 통해 본인의 이미지가 합성되는 공간 등등 직접 몸으로 체험하도록 설계해 맥주 마실 마음이 생기도록 해놓았다. 기념품 또한 가짓수가 다양하다. 일반적인 기념품뿐만 아니라 옷 제품까지 구비된 모습도 볼 수 있다. 하이네켄이라는 브랜드는 패션의 영역까지 아우르는 경쟁력이 있다.

풍차가 없는 풍차마을

네덜란드에서 크리스마스이브를 맞았다. 도심으로 나가면 연인들의 병풍이 될 게 뻔하기 때문에 덜 붐비는 곳을 찾았다. 숙소

하이네켄 체험관.

에서 버스를 타고 풍차마을 잔세스칸스 Zaanse Schans 로 갔다. 겨울이지만 누런 갈대 아래 파릇한 풀들이 살아 있다. 저 멀리 풍차가 보인다. 풍차는 동력이 없던 시절 방앗간을 사용하기 위해

풍차마을 잔세스칸스.

세워진 것이다.

슈베르트의 〈아름다운 물레방앗간 처녀〉라는 곡이 있다. 이곡의 내용은 대략 이렇다. 일할 곳을 찾아 이리저리 떠돌아다니는 날품팔이 청년이 물레방앗간에서 일을 구하게 된다. 그리고 아름다운 처녀를 사랑하게 되었다. 그런데 처녀의 마음은 잘생긴 사냥꾼에게로 향한다. 날품팔이 청년이 실연의 아픔으로 시냇물에 몸을 던지는 비련에 관한 가곡이다. 우리나라에서만 물레방앗간이 사랑을 속삭이는 공간인 줄 알았더니, 유럽의 청년도 물레방앗간에서 아름다운 처녀를 흠모했다니….

잔세스칸스에는 생각보다 풍차가 많지 않았다. 10대 정도 될까. 풍차가 몇 대 남아 있지는 않지만 풍차의 나라에 왔음을 실감했다. 풍차 날개는 바람을 타고 돌아간다. 느긋하게 풍차마을과 그 인근을 걸어 다니며 예전 네덜란드의 모습을 상상했다. 수많은 풍차가 바람개비를 돌리는 풍경 말이다. 크리스마스이브에도 조용하게 걷기 좋은 장소다.

숙소로 돌아올 때 맥주 한 캔과 태국 즉석요리를 사 왔다. 태국 볶음밥을 데우고 맥주 한잔을 하며 크리스마스가 빨리 지나기를 기다렸다. 혼자 여행할 때 연말은 참 괴롭다.

콜롬비아 COLOMBIA

—

메데인 갱스터 민박의
이상한 사장님

인연은 꼬리에 꼬리를 물고

행운은 늘 우연인 듯 필연인 듯 찾아온다. 칼리^{Cali}에서 사업 중
인 교민을 소개받았다. 잠시 인사를 나눴는데 시간이 되면 한
번 찾아오라고 메모를 남겨주셨다. 현지에서 사업을 하는 분이
고 나 또한 해외 창업에 관심이 있다보니 내게 흥미가 있던 모
양이다.

다음 날 저녁, 그분의 집으로 찾아갔다. 손님이 온다고 수육
과 위스키를 한 상 차려놓으셨다. 오랜만에 먹는 한식에 술잔은
점점 비워졌다. 술병이 비워질수록 이야기는 깊어졌다. 한국에
서 콜롬비아로 이민 온 이야기를 들을 수 있었다. 그동안 사업
제안을 받았던 제품도 보여주며 내 반응을 살피기도 했다. 위
스키 두 병을 비우고서야 겨우 자리에서 일어났다. 밖은 위험하
다며 택시를 직접 불러주셨다. 그렇게 달짝지근한 위스키 향을
풍기며 숙소로 향했다.

그동안 여행하며 현지에서 사업하고 있는 한인 사업자를 만
나기 위해 부단한 노력을 했다. 그중 90%는 응답이 없었고 9%
는 거절당했고 겨우 1% 남짓한 분들이 나의 청을 들어주었다.
거절에 익숙해지다보니 오늘처럼 초대까지 해주시는 분들을 뵐

칼리에서 한국의 문화를 알리는 곳.

때면 가슴 깊이 감사하다. 해외에 살고 있는 분들이 해외 창업에 관한 이야기를 해줄 의무도 없거니와 만날 이유조차 없다. 하지만 거절당할 때마다 생기는 서운함은 한편으로 나를 낙담하게 했다. 어쩌다 겨우 만나게 되어도 이상한 분들이 제법 많았다. 이렇게 다양한 한국인의 삶을 접하다보니 이민 후의 삶이 그렇게 달콤하지만은 않다는 사실을 알게 되었다. 목격한 바에 의하면 해외에서 창업하는 분들의 절반 이상이 겨우 버티는

숙소에서 어슬렁거리는 고양이.

상황이다. 사고를 치고 이 나라 저 나라 떠돌아다니는 분들도 있다. 분명 해외 창업은 국내 창업보다 더 힘들고 어렵다. 그럼에도 왜 나는 해외 창업을 하고 싶은 것일까?

숙소로 돌아와 불을 켰더니 고양이 두 마리가 겁도 없이 내 침대를 차지하고 있다. 여행자들에게 익숙해져 있는지 친근하게 군다. 양말을 벗어 동그랗게 말아 고양이들과 놀아줬다. 어느 순간이 되자 놀아주지 않아도 고양이들은 자기네끼리 양말을 갖고 놀기 시작했다. 그 순간 생각났다.

고양이에게 던져진 양말처럼
누군가를 즐겁게 해주는 일을 하고 싶은 게
창업 이유라고….

이 목표를 갖고 계속 도전할 것이다.

코카인은 못해도 카페인은

콜롬비아에 가면 흑색 가루와 백색 가루의 환각에 빠진다는 말이 있다. 흑색 가루는 커피고 백색 가루는 마약을 말한다. 콜롬비아는 세계적으로 품질 좋은 커피를 생산하는 나라로 유명하다. 그래서 여행자들은 콜롬비아에서 커피 농장 투어를 한다. 대표적인 곳이 살렌토Salento와 마니살레스Manizales다. 콜롬비아에 왔으니 코카인은 못해도 카페인은 마셔봐야 한다는 생각으로 살렌토로 향했다.

살렌토에서 노란색 다리를 지나 한 시간 정도 산길을 걸어갔다. 오카소 커피 농장 입구가 보였다. 다른 커피 농장도 있었지만, 영어 가이드로 진행한다고 적혀 있어서 선택했다. 커피 농장 체험 비용은 10,000페소로 한화로 약 3,800원이다. 농장 체험을 신청한 사람들이 다 모이자 체험 투어를 시작했다.

커피 열매를 따는 바구니를 허리에 두르고 커피 밭으로 향했다. 빨갛게 익은 열매를 딴다. 따온 열매를 한데 모았다. 껍질을 까고 세척을 하고 건조하는 공정을 직접 체험한 후 처음 모였던 곳으로 돌아왔다. 그곳에는 미리 로스팅을 한 원두가 준비되어 있었다. 원두를 분쇄해서 콜롬비아 전통방식으로 내려 커피를 마시면 모든 체험 과정이 끝난다.

커피를 한 모금 마시자, 특유의 산미가 독특하면서도 시큼해 개미가 입안을 휘젓고 다니는 기분이다. 안데스 산맥에서 자란

커피 열매는 단단하고 풍부한 맛과 향을 내서 커피가 맛있기로
유명하다. 산비탈에서 생산하다보니 여전히 기계화가 쉽지 않
아 손이 많이 가는 작물이기도 하다. 그럼에도 불구하고 콜롬
비아의 마트에 가면 한화로 만 원도 안 되는 가격에 맛 좋은 원
두를 살 수 있다.

여행자들의 쉼터, 메데인 갱스터 민박 오픈

메데인Medellin에서 잊지 못할 나날을 보낸 이야기는 이렇게 시작된다. 어느 날 메데인의 야경에 푹 빠져 이곳에서 살아보고 싶다고 문득 떠올랐다. 그 생각을 실현하고자 현실적 방안을 물색했다. 돈 없이 마냥 머물 수 없기에 게스트 하우스를 열기로 마음먹었다. 현지인에게 물어서 콜롬비아에서 집 구하는 사이트를 알아냈지만 산토도밍고Santo Domingo의 지역에는 매물로 올라온 집이 없었다.

하는 수 없이 도착한 첫날부터 발품을 팔았다. 이틀 정도 동네를 뒤져 임대하는 현수막을 발견했다. 집 밖에 걸려 있는 현수막 사진을 찍었다. 그리고 현지인 친구의 도움을 받아 전화로 약속을 잡았다. 스페인어는 전혀 못하지만 친구의 통역 덕분에 계약까지 할 수 있었다. 그렇게 운이 좋게 산토도밍고 케이블카 정류장 정면에 있는 집을 구하게 되었다. 혹시라도 올지 모르는 고객의 안전과 편의를 위해 초역세권으로 구했다. 정류소부터 거리가 50미터도 안 되는 초초 역세권이다.

집을 구하긴 했지만, 아무것도 없는 텅 빈 집이라 준비할 게 많았다. 중고용품점을 다니며 식기와 가전제품을 구매했다. 돈

산토도밍고에서 내려다 본 메데인.

을 절약하기 위해 침대를 사기보다 직접 만들어보기로 했다. 집 주인 친척의 오토바이 뒤에 매달려 나무 팰릿을 찾아 나섰다. 중고 나무 팰릿 12개를 주문하고 팰릿 위에 올릴 매트리스를 만들러 원단 시장을 돌아다녔다. 붉은 꽃이 강렬한 매트리스 원단을 사 들고 소파 공장으로 갔다. 매트리스 속 재료에 따라 가격이 천차만별이다. 그중 두 번째로 낮은 가격의 재료로 주문하고 집으로 돌아왔다. 팰릿이 오기만을 기다리며 부수적인 것들을 준비하러 다녔다.

이틀이 지나도 팰릿이 오지 않아 집주인 친척에게 문자를 남겼다. 답변이 왔는데 배송은 별도란다. 함께 사러 다녔는데 소통에 문제가 있었던 것 같다. 이해가 가지 않는 부분이 많았지만 문화가 다르겠거니 하며 넘어갔다. 그래서 배송을 부탁했는데 집 앞에 두고 그냥 간다. 집 앞에서 3층까지 올리는 것은 내 몫이 되었다. 일이 되는 것 같기도 하고 안 되는 것 같기도 해서 헛웃음이 나왔다. 모든 과정이 삐걱거렸지만 그래도 진행되어 간다는 것이 신기했다. 나무 팰릿으로 매트리스를 올릴 바닥을 만들고 그 위에 완성된 매트리스를 올렸다. 꽤 그럴싸하다. 고객을 위해 침대 두 개를 만들고 분위기에 맞춰 커다란 물고기 등을 달았다.

나무 팰릿을 사러 가서.

메데인 갱스터 민박.

매우 부족하지만, 나름 숙소가 갖춰진 모양새다. 이제 모객 글을 블로그에 올리기만 하면 된다. 게스트 하우스 이름은 '메데인 갱스터 민박'으로 지었다. 블로그에 민박 소개와 오직 갱스터 민박에서만 제공하는 차별화된 서비스 몇 가지를 설명했다.

---

1) 여행자들의 일부는 해외에서 클럽에 가거나 펍에서 밤 문화 즐기기를 좋아하는 사람들이 있다. 싱가포르나 홍콩이면 몰라도 여

행자들에게 남미의 늦은 밤은 위험하다. 특히 아시아 여행자들은 여행자 티가 쉽게 나기 때문에 범죄에 노출되기 쉽다. 아쉬움이 남는 술자리를 위해 숙소에서 소박하게 2차를 즐길 수 있는 취월루取月樓를 준비했다.

메데인 갱스터 민박 앞에는 망고와 수박이 1,200페소(약 450원), 그 맞은편에는 치킨과 감자가 한 팩에 4,000페소(약 1,500원)에 판매되고 있다. 맥주는 마트에 가면 1,500페소(약 600원)부터 입맛대로 고를 수가 있다. 말술이 아닌 이상 2만 원이면 다음날 떡이 될 수 있다. 심심하다면 나도 함께할 것이다.

하지만, 달도 취한다는 취월루의 취지는 술이 사람을 마시는 것이 아니라 여행의 피로와 노곤함을 적당한 술로 달래자는 것이다. 메데인 갱스터 민박에서 술잔을 기울일 땐 달도 함께 기운다. 이곳은 메데인에서 달과 가장 가까운 곳이기 때문이다. 술잔을 기울이며 창문 너머 보이는 도시의 야경은 안주가 따로 필요 없다. 취월루에는 풍류가 있고 풍류를 아는 자만이 술을 즐긴다. 취월루에서 술은 옵션이다.

2) 콜롬비아의 맛 좋은 커피를 마음껏 즐길 수 있는 나르코스 커피 바가 준비되어 있다. 황홀한 메데인 여행의 몽롱함을 콜롬비

아 커피로 각성해보자. 콜롬비아 커피가 유명하다는 것은 커피를 마셔본 사람들이라면 알 것이다. 안데스산맥의 고지대에서 기온 차를 견디며 풍부한 맛을 담아낸 커피 열매로 만든 커피는 무상으로 제공된다. 당신의 상쾌한 아침을 콜롬비아 커피가 열어줄 것이다.

3) 콜롬비아가 마약과 갱으로 유명하다는 것은 널리 알려진 이야기다. 갱들이 카르텔을 조직해 마약을 유통했는데 그 중심에는 메데인 카르텔이 있었고 메데인 카르텔의 수장은 파블로 에스코바르였다. 그는 1993년 콜롬비아 특수부대와 DEA에 의해 목숨을 잃게 되었다. 그러면서 콜롬비아 마약 산업 연대기가 일단락된다.

그가 카르텔을 운영했던 최고 전성기에는 전 세계 마약 유통의 70%를 장악했다. 그의 방식은 무서울 정도로 간단했다. 납과 은이다. 은(뇌물)을 받는 이는 아미고(친구)가 되는 것이고 납(총알)을 받는 이는 죽는 것이다. 그렇게 자기의 뇌물을 받지 않는 이들을 모두 죽이면서 코뿔소처럼 밀어붙이며 마약 사업을 키웠다.

갱스터 민박에서 제공하는 갱스터 창업 캠프에서는 필자가 창업 여행을 하며 갱처럼 저돌적으로 해왔던 소호 무역, 해외 직구, 해외 민박에 대한 해외창업 사례를 공유하면서 해외 창업에 대한 진입 장벽이 높지 않다는 것을 알려주는 것에 있다. 사업계획서에 의한 체계적 사업 진행과는 다르게 단순하면서 저돌적인 갱스터 창업 스쿨로 안내한다. 강의 장소는 갱스터 민박에서 진행되며 강의 비용은 무료다.

숙소는 단순한 원룸이었지만 와야 할 이유를 장황한 설명으로 늘어놓았다. 미국의 영화감독 에롤 모리스가 말했지 않았는가.

"사진을 멋져 보이게 하려면
사진 설명을 멋지게 바꾸기만 하면 된다.
그림을 멋져 보이게 하려면
작품 설명을 바꾸면 된다."

나름 심혈을 기울여 소개도 하고 집도 꾸며놓았다. 하지만 슬럼가에 위치해 있기에 고객이 올 것이라는 기대가 낮았다.

그런데 블로그에 글을 올리자마자 연락이 물밀 듯 오기 시작해서 매우 놀랐다. 고객은 끊이지 않고 계속 들어왔다. 월세 13만 원에 모든 집기를 합쳐 40만 원이 안 되는 초기 비용으로 이뤄낸 대박이었다. 문제는 집 근처에 빨래방이 없어서 이불빨래를 직접 해야만 했다. 이불빨래가 그렇게 힘든지 그때 처음 알았다. 두 달 정도 손빨래를 하다보니 즐기자고 한 일이 고된 노동이 되어버렸다는 사실을 알게 되었다. 그래서 한 달에 2주만 고객을 받는다는 공지를 올리고, 현지인 친구들과 어울리며 콜롬비아 생활을 마무리했다. 숙소에 투자되었던 돈은 다 회수되

연말 술을 나눠 마시던 이웃.

었고 슬럼가에서 민박을 해도 콘셉트에 따라 수요가 발생한다는 공부가 되었다.

우린 이상한 곳에서 이상한 시기에 만났다

메데인의 슬럼가에서 민박을 시작한 뒤로 두 번째 커피 봉지를 뜯었다. 며칠 째 비가 내리더니 모처럼 해가 뜬 날이다. 그리고 몰아닥쳤던 손님들이 다 빠지고 한산하다. 장기 손님의 퇴실을 끝으로 집에는 혼자만 남게 되었다. 손님이 썼던 이불을 손빨래하고 옥상에 널었다. 옷도 이불도 손으로 빨다보니 야들야들하던 팔뚝에 제법 힘이 들어가기 시작했다. 빨래는 이제 운동 시간이 되었다.

집으로 내려와 문을 활짝 열고 구석구석 청소를 했다. 그리고 커피를 내려 유리잔에 채워 옥상으로 올랐다. 볕이 좋아 빨래하기도 청소하기도 좋은 날이다. 벽돌 위에 걸터앉아 시큼 쌉쓰름한 커피를 한 모금 넘겼다. 평화로운 슬럼가의 풍경이 내려다보인다. 하루가 다 지난 것처럼 느껴진다. 혼자라고 기뻐하기도 잠시, 고독이 밀려온다. 민박을 열었을 때 아무도 오지 않을

옥상에 빨래를 널고.

그 당시 이상했던 민박집 사장.

줄 알았지만 제법 손님이 찾았다. 방에 모든 자리가 손님으로 채워지고 나니 혼자였을 때의 고요함이 그리웠다. 그리고 막상 혼자 남겨지니 적막함 뒤에 쓸쓸함이 밀려왔다.

　매력적인 사람이 매력적인 사업을 할 수 있다는 생각을 한다. 그래서 늘 나다움을 찾으려고 노력한다. 콜롬비아의 메데인에 서 민박을 할 때도 나다움을 가미하고 싶어 슬럼가를 여행하 는 베이스캠프라는 콘셉트를 잡았다. 마케팅 교과서에서 벗어 난 내 맘대로 내 멋대로 시작한 프로젝트 실험이었다.

그 당시 나도 좀 이상했지만 방문한 고객들도 유난히 개성이 강했다. 각자가 독특한 캐릭터 하나씩을 갖고 있었다. 아침마다 헬스장을 다니는 특전사, 폴 댄스를 배우러 갔던 남자 고객, 술 제조의 달인 미대생, 마약 배달원, 북쪽에서 온 귀인 등등 아지트처럼 함께 어울려 술 마셨던 그때가 기억난다. 나름의 목적을 갖고 출발한 여행이지만 때론 갈팡질팡했다. 마침 그때 민박집 손님들이 내게 이런저런 조언과 많은 용기를 주었다.

민박집 주인인 나는 민박으로 찾아왔던 고객을 이상했던 고객으로 생각하고, 아마 그들도 이상한 민박집 주인으로 기억하고 있을 것이다. 그렇게 우린 아주 이상한 곳에서 이상한 시기에 만났다.

내가 운영한 민박은 메데인의 산토도밍고에 위치한다. 그곳은 사람들이 피부를 맞대고 살아가는 슬럼가다. 집들이 어찌나 촘촘한지 이웃집과 비밀이 없을 정도로 가깝다. 사람들은 남미의 슬럼가를 마약 소굴쯤으로 생각해 지레 겁을 먹곤 한다. 가보지 못한 달에 대한 루머는 수도 없이 많다. 달의 뒷면은 없다니 달의 내부는 텅 비었다니 하는 식으로 말이다. 하지만 지내보며 알게 되었다. 사람 사는 곳은 똑같구나. 오히려 냉소적인 도시의 사람들보다는 이곳 사람들은 정겨움을 갖고 있구나. 이들이 가지지 못한 것이 돈이지, 그 외의 것들은 오히려 도시의 사람들보다 많이 가졌으면 가졌지 적진 않을 것이다. 한마디 덧붙인다면 강도들은 슬럼가를 털지 않는다. 오히려 그들은 여행자가 많은 곳으로 간다.

산토도밍고는 고된 노동을 하며 한 달에 40만 원 전후를 벌며 살아가는 콜롬비아의 일반 서민들이 지내는 곳이다. 그런 곳에 위치한 불편하고 부족한 메데인 갱스터 민박을 방문해준 고객에게 다시 한번 감사의 인사를 전한다. 숙소에 묵고 간 여행객들에게도 좋은 추억이 되었기를 바라는 바이다.

굿바이, 콜롬비아!

인생은 두 번 살지 못한다. 울고 싶다면 계속 울어라, 걷고 싶다면 계속 걸어라, 쉬고 싶다면 계속 쉬어라. 그 누구도 그 무엇도 나를 대신할 수는 없다. 무엇을 하든 하지 않든 인생은 한 번뿐이다. 영생이 아닌 단 한 번뿐인 인생이 삶을 아름답게 만든다. 그래서 영화 〈인생은 아름다워〉의 남자 주인공 귀도는 참혹한 현실 속에서도 웃음을 잃지 않았나 보다. 오늘 또는 내일, 세상이 끝나더라도 인생은 돌아오지 않기에 귀도의 눈에는 인생이 아름다웠나 보다.

어떻게 살아야 잘 살았는지에 대한 정답은 없다. 주머니가 텅 비어 있어도 행복하다면 잘 산 인생일 것이다. 그렇지만 마음은 또 그렇지 않다. 주머니에 손을 넣었을 때 텅 비었다면 행복이 멀리 달아난 것처럼 상심하게 된다. 잃어버린 것도 없는데 상실감이 밀려온다. 참 이상하다. 텅 빈 주머니가 고달프게 느껴지지만 한편으로는 그래도 다시 채워지지 않을까 하는 막연한 희망에 내일의 태양은 다시 뜬다.

인생에서 세계 일주란 모두가 한 번쯤은 바라는 꿈일 것이다. 나는 인생에서 두 번 다시 없을 여행을 해왔다.

너와 걸어왔던 모든 길이 구름으로 가득했고,
손끝에 맺혀 있는 바람은 아련함으로 남았다.
목을 타고 흐르는 불빛, 바람, 바다.
기억하면 내가 함께 있다.
그때를 그렇게 기억한다.

적당한 구름, 적당한 바람, 적당한 시간, 벤치에 앉아 커피를 마시기 좋은 날씨다. 곧 커피를 다 마실 것이고 곧 새로운 여행을 할 것이고 곧 새로운 일을 할 것이고 곧 마흔이 될 것이다. 그런데 벌써부터 마음 한편으로는 콜롬비아에 대한 그리움이 가득하다.

지난 시간이 내 발목을 잡는다. 너무 많은 것에 마음을 줬다. 아래층에서 치킨을 파는 청년, 그 옆 정육점에 앉아 나에게 인사를 건네는 동네 할아버지, 그 앞 노점에서 망고를 파는 청년, 그 옆 노점에서 과일을 팔며 늘 내 안부를 묻는 아저씨, 자주 가던 빵집 누나, 눈이 예쁜 채소가게 아가씨 그리고 무표정한 마트 아가씨 모두에게 정이 들었다.

그리고 곳곳을 여행시켜준 친구, 집으로 초대해 요리도 해주고 가족들과 즐거운 시간도 보낼 수 있게 배려해준 동네 친구, 늘 파트너가 되어서 바차타 춤을 연습할 수 있게 도와준 친구, 비 오는 날이면 술 한잔 기울였던 친구 등등 이들에게는 너무 고마운 마음이 크다. 말도 통하지 않고 외딴 섬 같았던 나에게 따뜻한 마음을 보여준 친구들이 있었다.

동네 친구 집에 갔다. 집이 크진 않지만, 가족 5명이 모여 산다. 소파에 앉아 있으면 친구는 항상 커피를 타다 준다. 실은 그

◀ 내 저녁을
책임져주던
1층 치킨집.
▶ 종종 광장에서
맥주를 하던
이웃 친구.

연말 메데인 산토도밍고의 풍경.

커피 맛을 그리 좋아하지는 않지만, 정성을 거절할 수가 없다. 그런데 오늘따라 커피가 맛있게 느껴진다. 이제 떠나야 할 때가 되었음을 직감했다. 이상하게 여행이 길어질수록 고립감은 점점 커진다. 너무 많은 것들에 정이 들어 그만 돌아가야 할 듯하다. 그렇게 친구들과 작별을 고하고 치킨집 친구에게 살림살이를 선물로 줬다.

　다음 날 새벽 4시에 집을 나섰다. 케이블카를 타고 도심으로 가는 길에 동네 친구들과 맥주를 마시던 광장이 보인다. 그렇게 콜롬비아를 떠났고 가슴이 무척 시려왔다. 이제 고마운 친구들과 헤어져 다시 여행을 시작해야 한다. 곧 잊겠지만 벌써 그립다.

3

돈의 짠맛

아이티 HAITI

—

타인의 가난을
본다는 것

축제가 끝난 것 같은 분위기

아이티에 들어서자마자 기묘한 풍경이 펼쳐졌다. 나무가 물 위에 서서히 죽어가는 모습이다. 급히 카메라를 꺼내 셔터를 눌렀다. 신기한 풍경이지만 내막을 알면 마냥 웃을 수만은 없다. 기후변화로 아주에Azuei 호수의 해수면이 상승하면서 생긴 문제라고 한다. 매일 아침 사용하고 있는 비누를, 매일 타고 다니는 차를, 매일 포장을 벗겨내는 봉지를 보면서 자연이 어떻게 변해가는지 전혀 모르고 살았던 내가 부끄러워진다.

우리가 모르고 지나가는 사이에 환경은 점차 빠르게 파괴되고 삶의 질은 점차 악화되고 있다. 거죽만 남아 유빙 위에 매달려 있는 북극곰의 모습이 우리의 미래일지 모른다. 서반구 최빈국이라는 불명예가 있는 아이티는 이렇게 기후변화에도 시달리고 있다. 태풍, 지진, 가뭄, 홍수 등으로 진정될 날이 없다.

타인의 고통을 보며 신기한 듯 사진을 찍는다는 것은 즐겁지 않은 일이다. 버스 안에서 사진을 찍고 있는 나를 저들은 어떻게 생각할까? 고개를 돌리며 나의 시선을 피할까? 아시아 놈이 기분 나쁘게 사진을 찍는다며 인상을 구길까? 어쨌든 반갑게 보지는 않을 것이다.

물에 잠긴 야자수.

　버스 안에서 내다본 아이티의 모습은 축제가 끝난 것처럼 상당히 어수선했다. 거리는 무질서하고 쓰레기들은 군데군데 쌓여 있고 다 갖춰지지 않은 집에서 사람들이 살고 있다. 버스 안에서 지나친 풍경과 잠시 걸으며 본 아이티의 모습은 안쓰러웠다. 기후마저도 가혹한 시련을 얹어주는 것을 보며 신은 정녕 존재하지 않는 것일까라고 생각했다.

달리는 차에 매달려 유리창을 닦는 사람

다운타운으로 가는 버스를 탔다. 멀리 산 중턱에 밀집해 있는 슬럼가들이 보인다. 집들은 외장재를 전혀 하지 않았다. 콘크리트로 덧칠한 것도 아니고 벽돌이 그대로 드러나 있다. 그래서 아이티는 회색 도시다.

다운타운 정류장에 내려서 시장으로 향했다. 현지인이 사는 모습을 보려면 시장을 보는 것만큼 좋은 것도 없다. 붕괴된 건물을 그대로 사용하고 도로에서 물이 새고 쓰레기가 쌓여 있다. 무너진 건물 사이로 보이는 DVD 가게에 동네 아이들이 옹기종기 모여 있다. DVD는 사지 않고 가게 밖에 틀어놓은 영화에 빠져 있다. 대로변에서는 쓰레기를 태우고 있다. 정말 보다보다 이렇게 자유롭게 사는 나라는 처음이다. 도시에 규칙이 없고 모든 것이 엉켜 있다.

도시 상황이 이렇다보니 환경문제가 심하다. 오염된 거리 음식이 맛있어 보일 리 없다. 매연과 오물이 가득한 도로에서 기름에 튀긴 음식을 도저히 먹을 용기가 나지 않았다. 지금까지 여행한 모든 지역의 거리 음식을 적어도 한 개씩은 사 먹었는데 아이티에서는 차마 손이 가지 않았다.

황폐한
아이티의 첫인상.

아이티에 상점이 있긴 하지만 거리를 가득 메운 건 노점이다. 이들이 팔고 있는 상품들을 살펴보면 몇 점 되지도 않고 값나가는 제품도 없다. 사탕, 담배, 채소, 식기, 의류, 신발, 음료, 과자 등등 슈퍼에 있을 법한 제품들을 하나씩 들고 나와 파는 것 같다. 봇짐을 펼쳐놓고 있지만 장사가 잘되지는 않는다.

어떤 이는 달리는 차에 매달려 유리창을 닦아주고 동전 몇 푼을 주머니에 챙겨 넣는다. 다른 이는 달리는 차 사이로 길다란 바구니를 이고 곡예를 하듯 물을 판다. 물 한 봉지의 가격은 5구르드(약 80원)다. 통신사 조끼를 입고 돌아다니는 사람들은 선불 휴대폰에 충전해주는 사람들이다. 정말 이동하는 이동통신사다.

교차로에는 오토바이가 쌩쌩 지나간다. 그들은 모토 택시다. 몇 번 타보았는데 너무 위험하다. 이들은 시간이 돈이기에 달려야만 한다. 그래서 험악하게 운전하는 버스 사이로 비집고 달린다. 험악하게 운전하는 버스도 모토 택시와 마찬가지로 시간을 달리는 사람들이다. 달리는 만큼 돈이 되기에 브레이크 페달 밟는 것을 잊어버린 듯 가속 페달만 밟아댄다. 거리에 나온 사람들은 무엇이 그리 바쁜지 발걸음이 빠르다. 버스가 매연을 뿜는 속도도, 거리에 오물이 쌓이는 속도도, 환경이 파괴되는 속도도

◀ 다운타운의 어느
　DVD 상점 앞.
▶ 아이티의 노점.

빠르다. 그렇게 아이티의 도시는 빠르게 흘러간다.

카카오를 수집하는 프랑스인 형

어제는 숙소를 혼자 썼지만 오늘은 프랑스인 형과 숙소를 같이 쓰게 되었다. 어제 하루 종일 걸어서 쉬려던 참인데 그의 눈치를 보니 왜 이렇게 조용하냐고 말하고 싶어 하는 것 같다. 그는 본격적으로 얘기를 하려는 듯이 맥주를 들고 테이블 맞은편에 앉는다. 그래, 이야기를 하시오. 나는 듣겠소. 이야기를 듣다보니 정말 재밌는 형이다.

프랑스인이고 아프리카의 부르카나파소 여성과 결혼했다. 일 때문에 출장을 갔다가 사랑에 빠지고 결혼하게 되었다고 한다. 그리고 현재는 마르세유에서 밤 농사를 짓는다고 한다. 밤으로 다양한 가공식품을 만들어 직접 판매를 하고 있다. 홈페이지에 올려놓은 소개 영상을 보여주면서 자랑스러워 한다. 각종 전시회도 참가하고 프랑스에서 밤 먹는 방법에 대해 이야기를 나누다 한국과는 전혀 다르게 먹는다는 것을 알게 되었다. 그리고 테이블 위에 펼쳐놓은 것은 카카오라고 한다. 아이티의 모 농장에서 카카오를 사왔다고 한다. 카카오가 아이티 여행의 목적이라고 한다.

카카오로 뭐 하실 거냐고 물었더니, 프랑스로 돌아가 몇 곳에 맛 시연을 한 후에 아이티에 있는 카카오 농장과 연결해주는 일을 할 계획이라고 한다. 모처럼 나와 뜻이 맞는 동지를 만나서 프랑스에서의 밤 장사와 아이티에서의 카카오 제품에 대해 듣게 되었다. 조용히 쉬었으면 후회할 뻔한 날이다.

미안하지만 두 번 다시 오고 싶지 않다

3박 4일이라는 짧은 일정을 마치고 아이티를 떠났다. 아이티를 떠나며 거리의 사람들을 유심히 봤다. 그들의 삶이 호락호락해 보이지 않지만 거리에 나와 있는 사람들은 열심히 살아간다. 비록 대다수는 가난이라는 그늘에 앉아 있지만 언젠가 이들도 빛으로 걸어 나올 때가 있었으면 하고 희망한다.

아이티를 떠나며 아이티에서 생산한 커피를 한 봉지를 사왔다. 숙소에 도착하자마자 가스레인지에 불을 올려 커피를 한잔 내렸다. 그들의 삶처럼 커피가 쓰다. 60년 정도 해외원조를 받

아이티
포르토프랭스의
거리 풍경.

아이티를 떠나며.

았지만 아이티는 여전히 누군가의 도움을 필요로 하고 있다. 그곳에선 아프다고 청춘이고 아픈 만큼 성장하지도 않는다. 아픈 건 아픈 거다. 가난하다고 행복하지 않은 건 아니니 그들이 행복하기를 바란다. 보는 것이 마음 아파 아이티는 두 번 다시 가고 싶지 않다. 타인의 가난을 보는 것은 마음 아픈 일이다.

요르단 JORDAN

—

일흔의 구두 장인과
티타임을

페트라에선 눈이 빙빙 돌고 사해에선 자반고등어가 되고

요르단 여행에서 빼놓을 수 없는 곳은 페트라와 사해다. 고대 도시 페트라로 들어가는 협곡에 접어드니 전율이 왔다.

'아니! 자연이 만든 이 거대한 협곡 뒤에 붉은 사막의 도시가 있단 말이야?!'

협곡의 단층이 육질 좋은 고기의 마블링처럼 아름답게 이어져 있다. 협곡의 마블링이 끝나자 페트라의 보물 알 카즈네 신전으로 눈이 가득 찼다. 신전의 웅장함에 압도되었다. 올려다보면 눈이 빙빙 돌 정도로 거대하다.

알 카즈네 신전을 지나면 붉은 자갈 사막을 걸어야 한다. 길을 중심으로 언덕을 오르내리면서 바위를 깎아 만든 페트라의 고대 도시를 구경했다. 온통 붉은색이라 마치 붉은 행성에 있는 것 같다. 태양을 피할 곳도 많지 않고 날씨가 너무 더워 물통이 순식간에 비워졌다. 말이나 당나귀를 타고 다니는 방법도 있지만 배낭 여행자에게 그런 호사는 허락되지 않는다. 끝이 보이지 않는 사막에 덜컥 걱정이 되었다.

'사막을 겁도 없이 들어왔구나…'

페트라의 알 카즈네 신전.

페트라의 북서쪽 끝에 있는 아드 데이르(수도원)에 겨우 당도하자 탈진 상태가 되어 움직일 수 없었다. 쉴 그늘을 찾기 위해 노점 천막 아래로 기어들어 갔다. 현기증이 올라와 하마터면 큰일날 뻔했다. 잠시 바닥에 누웠다. 현기증이 사라질 때쯤 물 한 통을 사서 벌컥벌컥 들이마시고 나니 그나마 피가 도는 것 같다.

장기 여행을 하면서 먹는 게 부실하다보니 체력이 많이 떨어졌다. 군대 행군 이후로 이렇게 혹사스런 경험은 처음이다. 사막에 들어온 것이 후회가 들 정도로 힘들다. 여기를 빠져나가려면 5킬로미터를 다시 걸어 돌아가야 하는 게 겁이 난다. 뜨거운 태양을 피할 곳이 전혀 없다. 5시에 출발하는 암만^{Amman}행 버스를 타야 해서 느긋하게 걸을 수도 없는 노릇이다. 걷다 뛰다를 반복하며 빠져나와서 출발 시간에 아슬아슬 맞춰 제트버스를 탔다. 그리곤 그대로 암만까지 기절한 듯 잠들었다.

다음 날은 사해로 향했다. 숙소에서 압달리 제트 버스 터미널까지는 약 3킬로미터다. 택시비를 확인하니 1디나르, 약 1,500원 정도라고 한다. 3킬로미터 정도면 걸어서 30분이면 충분하기에 도보를 선택했다. 걸으며 암만에는 오르막길이 많다는 것을 알

아드 데이르의 노점.

게 되었다. 평소 평지를 걷던 시간으로 계산한 것이 착오였다. 오르막길 3킬로미터를 30분 안에 간다는 것은 여간 힘든 게 아니었다. 어제 페트라 일정으로 피로가 덜 풀린 상태에서 빈속으로 오르막을 뛰어 출발 2분 전에 간신히 버스에 올랐다. 비 오듯 쏟아지는 땀에 짜증이 났다. 택시비 1,500원이면 될 것을 왜 이렇게 바보같이 여행하는지 모르겠다. 역시나 사해로 가는 길 버스에서 잠들었다. 눈을 뜨니 사해 버스 터미널이다.

요르단 사해에서 건너편으로 보이는 육지는 이스라엘이다. 수영하기엔 멀지만, 사해니까 둥둥 떠서 건널 수도 있겠는 시답지 않은 생각을 했다. 리조트로 가보니 입장료가 20디나르(약 3만 원)다. '돈이 안 드는 해변가가 어딘가에 있겠지?'라는 생각으로 해변가를 걸었다. 리조트만 나올 뿐 프리비치는 보이지 않았다. 주인을 잘못 만난 발이 고생이다.

돌아가는 길에 보니 엉성한 노점 같은 곳이 눈에 들어왔다. 노점에 가서 앞바다에서 수영해도 되는지 물었더니 마음대로 하란다. 노점에서 반바지로 갈아입고 자갈밭을 지나 사해로 들어갔다. 소금 농도가 얼마나 짙은지 물속에선 아지랑이가 피어오른다. 손에 물을 담아 몸을 적시니 기름처럼 몸에서 흘러내린다. 식용유에 몸을 담그는 기분이랄까? 곧이어 몸 곳곳에 따가운 고통이 찾아온다. 아주 작은 상처만 있어도 따끔거린다. 며칠 전에 베드버그에 물린 곳이 치료되는 기분이다.

바로 옆에는 리조트 사람들이 사해에서 해수욕을 즐기고 있다. 상대적 빈곤을 확인하는 순간 사해에 혼자 떠 있는 것이 초라하게 느껴졌다. 10분 정도 해수욕을 즐겼을까 뜨거운 태양 아래 떠 있기만 한 게 지루해졌다. 바닷속을 볼 수 있는 것도 아니고 물속에 얼굴을 담글 수도 없다. 신기했지만 쉽게 지루해진다. 그리고 점점 자반고등어가 되는 기분이 든다. 사해는 염도가 높기에 30분 이상 몸을 담그지 말라는 당부가 있다. 그런데 30분은 커녕 10분만 허우적거려도 흥미가 사라졌다.

노점으로 올라가 샤워를 하고 의자 세 개를 붙여 누웠다. 한 번도 깨지 않고 의자 위에 3시간 동안 뻗어 있었다. 이런 능력이 있는 줄 알았더라면 기인열전이라도 나가볼 걸 그랬다. 잠자고 일어나니 사해 물이 닿았던 신발은 돌처럼 딱딱하게 굳어졌다. 축 늘어진 내 모습이 가엾게 보였는지 노점 사장이 같이 밥을 먹자고 부른다. 3대로 보이는 노점 패밀리는 내게 커피도 한 잔 내주었다. 메뉴판을 보니 커피가 1디나르라고 적혀 있다. 밥은 얻어먹었어도 커피는 계산하려고 하려니 잔돈이 없다고 그냥 가란다. 친절을 베풀어준 노점 3대 덕분에 사해가 좋은 기억

◀ 요르단의 사해.
▶ 친절을 베풀어
　 줬던 노점 3대.

으로 남을 것 같다.

리조트로 가서 버스에 올라 다시 암만으로 향했다. 이틀 동안 기진맥진했더니 진이 빠지는 기분이다. 암만으로 가는 버스가 휴게소에 잠시 정차했다. 눈요기라도 할 겸 가게를 둘러봤다. 요르단에서는 사해 소금과 머드 제품을 지역 특산품으로 팔고 있어 자국에 대한 홍보를 잘한다고 생각했다. 기념품은 그 나라를 좀 더 세분화해 그 지역의 문화와 역사를 함축적으로 담아야 한다. 그런데 문제는 세계 어디를 가나 비슷한 기념품을 판다는 것이다. 이집트의 기자 피라미드에 가도, 스페인의 사그라다 파밀리아 성당에 가도, 캄보디아의 앙코르 와트에 가도 기념품은 똑같이 생긴 게 아쉽다.

피카소를 닮은 구두 장인

어느 나라를 방문해도 이상하게 도매시장이 자석에 끌리듯 찾아진다. 암만 다운타운에 알 후세인 모스크가 있다. 그 인근이 도매시장이다. 시장에서 사진을 찍으니 여럿이 몰려와 겁이 좀

났다. 일부 나라에선 사진을 찍으면 카메라를 뺏거나 쫓아내기도 하기 때문이다. 다행히 쫓겨나지 않고 이런저런 질문을 해왔다. 도매시장 보는 것을 좋아한다고 했더니 본인 상가를 소개한다. 어디서 제품을 사 오는지 물었더니 가끔 중국의 이우에 가서 사 온다고 한다. 깜짝 놀랐다. 이우라면 내가 좋아하는 중국의 도매시장이다. 생필품, 문구, 완구 등 제품을 사기 위해서 1년에 한두 번 중국에 간다고 한다. 나 또한 이우에서 잠자리 장난감을 수입했던 적이 있어 이런저런 반가운 이야기를 했다.

도매시장을 돌다가 허름한 건물로 들어갔다. 피카소를 닮은 할아버지가 손짓한다. 아랍어를 해서 알아들을 수는 없지만 이렇게 말하며 손짓하는 것 같다.

"어딜 가? 들어와, 들어와!"

그렇게 구두 장인의 공방으로 들어갔다. 1.5평 정도 되는 작은 크기에서 노인 두 명이 일하고 있다. 영어를 전혀 못하는 그들이 앉아서 커피 한잔하고 가란다. 경험한 바에 의하면 무슬림은 낯선 사람에게 친절을 잘 베푸는 편이다. 30분 정도 커피를 마시며 대화를 이어 갔다. 대화 도중에도 노인들은 쉬지 않

◀ 중국과 무역을
하는 상인들.
▶ 요르단의
구두장인들.

64년 동안 구두를 만든 구두 장인.

고 작업을 했다. 가죽을 자르는 서걱서걱한 소리가 정겹게 들려
온다. 한 분은 가죽을 패턴대로 자르고 한 분은 본드 칠을 한다.

올해로 일흔한 살이 된 구두 장인은 일곱 살 때부터 구두 만
드는 일을 해왔다고 한다. 분업을 통해 하루에 24켤레의 수제
구두를 만든다. 이들은 1~2만 원 사이의 가격으로 암만의 신
발가게에 구두를 납품한다. 64년 동안 구두를 만들면서 일곱
명의 딸과 세 명의 아들을 모두 키웠다고 한다. 칠순이 넘었지

만 지금도 왕성하게 일을 하신다. 이래서 기술을 배워야 하나 보다. 혹시 명함이 있으면 받아둘 생각으로 물었더니 없다면서 종이에 전화번호를 적어주신다. 결혼하게 되면 전화를 달라고 한다. 아무래도 식장에 신고 들어갈 구두를 만들어주시려나 보다. 40분 정도 번역기를 돌려가며 이야기를 했는데 꽤 즐거운 만남이었다.

다른 여행자들의 이야기를 들어보면 중동 지역을 여행하면서 사기를 당한 사람이 제법 많다. 그런데 이상하게 나는 친절만 받았다. 사해 바다의 노점 사장은 커피와 호머스라는 음식을 공짜로 베풀었다. 구두 장인은 나에게 커피를 사줬고 택시기사는 티백을 선물로 줬다. 이런 것이 요르단 사람의 문화인지 나에게만 있었던 특별한 경험이었는지는 모르겠지만 흥미로운 나라다.

선인장 과일을 사주던 요르단 형.

칠레 CHILE

—

남미의 땅끝에서
신라면만 파는 아저씨

타국에서 먹는 고향의 맛

한 놈만 팬다. 사업을 하는 분들을 보면 한 놈만 패는 분들이 있다. 유명 맛집을 보면 단일 메뉴만 판매하는 곳도 제법 많다. 푼타아레나스Punta Arenas에는 신라면만 파는 곳이 있다. 작은 식당 안에는 빨간 신라면 봉지가 주방 선반에 빼곡히 채워져 있다. 특별한 인테리어도 없고 특별한 조리법도 없다. 스프를 넣고 라면을 넣고 보글보글 끓으면 계란을 작은 그릇에 풀어 라면에 얹어 내놓는다. 익숙한 맛이지만 먼 타국에서 먹는 라면은 감회가 새롭다.

사장님 이야기를 듣고 싶다고 하니 맨입으로 들으려고 하냐신다. 그리곤 코로나 한 팩을 사오란다. 코로나 한 팩을 사들고 라면집을 다시 찾았다. 맥주를 마시면서 사장님은 라면을 끓여 손님을 받기도 했다. 다들 단골인지 인사가 길다.

어떻게 아메리카 대륙의 땅끝 마을에서 라면을 팔게 된 건지 그 이야기가 너무 궁금했다. 원래는 칠레에서 수산 무역을 하셨다고 한다. 그러다 심심해서 라면집을 열게 된 것이라고 한다. 가게를 연 지 이제 6년이 되어간다. 개점할 당시 6개월은 정말 힘들었다고 한다. 문은 열어놓았지만 사람들이 오지 않았다. 그

땅끝 마을 신라면 집 내부.

렇게 1년을 버티니 그 얼얼한 매운맛을 보기 위해 손님이 방문하고 단골이 한둘씩 생겼다고 한다.

그리고 3년이 지나니 남극세종기지 근무자들도 오고 〈무한도전〉 프로그램에 방영되면서 '지구 최남단 라면집'이라고 관심을 받기 시작했다. 지금은 현지인 손님보다 여행자 손님이 찾는 관광명소가 되었다. 6년이라는 인고의 시간이 신라면 집을 푼타아레나스의 명물로 만들었다.

토레스 델 파이네

토레스 델 파이네.

남미 여자에게 배우는 남미 여자를 만나는 법

푼타아레나스에서 현지인의 집에 머물게 되었다. 도착한 날부터 인상적이었다. 벨을 누르니까 2층 창문에서 "나가요!"라는 한국어가 또렷하게 들려온다.

호스트인 에블린은 목발을 집고 나왔다. 친구들과 놀다가 다리가 부러졌다고 한다. 모처럼 듣는 한국어가 너무 반가워 어디에서 한국어를 배웠느냐고 물었다. 영화 〈올드보이〉를 보고 배웠다고 한다. 그래서 그런지 에블린이 하는 한국어 몇 마디는 대부분 화낼 때 사용하는 말이다.

푼타아레나스 시내는 작다. 항해자 마젤란의 동상을 관람하고 언덕으로 올라 뷰 포인트에서 시티를 내려다보며 사진 한 장을 찍었다면 시티 투어는 끝난 것이다. 푼타아레나스의 짧은 시티 투어를 마치고 집으로 돌아갔더니 주방에서 에블린과 나탈리가 사과를 오븐에 굽고 있었다. 나도 의자를 끌어당겨 자리를 함께했다. 우선 브랜디 온더록스로 몸을 녹였다. 이름은 잘 모르겠지만, 사과 요리가 상당히 맛있고 안주로 제격이었다. 사

> **Tip!**
>
> 유럽의 부국은 독일, 동남아시아의 부국은 태국, 남미의 부국은 칠레와 브라질, 중미의 부국은 멕시코, 북미의 부국은 미국이다. 칠레는 1인당 GDP가 우리나라 절반이지만 나름 중남미 지역에서 경제를 선도하고 있는 구역 선진국이다.

남미 친구들과 연애학에 대하여 나누다.

과 속을 파고 설탕과 계피가루를 섞어 넣고 브랜디를 부어 오
븐에 30분 굽는 요리였다.

　칠레의 국민 소주 피스코를 새 잔에 채우고 이야기를 했다. 언
어 교류를 빙자한 작업의 정석에 대해서랄까? 안녕, HOLA(올
라). 인사법부터 가볍게 시작하면서 작업 멘트를 교환했다. 언어
교류를 하며 주옥같은 2단 콤보를 배웠다. 만약 남미에 갈 일이
있다면 잊지 말고 써먹어보자.

"당신은 아름답습니다, 함께 있고 싶습니다!"

"TU ERES HERMOSA,

QUIERO ESTAR CONTIGO!(스페인어)"

언제 사용할 기회가 있을지는 모르겠지만, 남미에서는 에둘러 말하기보다는 직접적으로 말하는 게 좋을 듯하다. 남미 여성을 만나고 싶다면 솔직히 말하라는 에블린의 말씀이 있었다. 그리고 자연스럽게 서로의 연애관에 대해 이야기를 나눴다. 깊은 대화까지 가지는 않았지만, 내가 갖고 있던 남미에 대한 이미지는 편견임을 깨달았다. 그들이 조금 더 개방적인 사고를 갖고 있는 것은 분명하지만, 남미는 겉과 속이 같은 솔직한 스타일일 뿐이다.

헝가리 HUNGARY

—

케이푸드,
이대로 괜찮을까?

홍콩 디제이 소녀와 헝가리 게이 청년

허겁지겁 베이컨 햄버거를 먹고 기차에 올랐다. 꽤 시끌벅적한 열차 칸을 지나치며 '여긴 아니겠지?' 했지만 역시나 그곳에 내 좌석이 있었다. 문을 열고 들어가니 홍콩 디제이 소녀와 헝가리 게이 청년이 나를 반겼다. 처음 만난 이 둘의 수다는 10년 지기 친구처럼 아주 가까워 보였다. 끊임없이 이어지는 유쾌한 수다로 밤 12시가 넘어 잠들었다.

헝가리에 도착했지만 숙소를 구하지 못해서 막막하던 차에 홍콩 소녀가 본인 숙소가 넓다며 구하지 못했으면 같이 가자고 한다. 이런 행운이! 〈그랜드 부다페스트 호텔〉의 로비 보이처럼 홍콩 소녀의 캐리어를 대신 끌고 뒤따랐다. 무슨 여행자가 이삿짐을 싸들고 다니는지 냉장고만 한 캐리어가 두 개다. 가방을 열어보니 여행하며 산 기념품들이 가득이다. 불가리아에서 샀다며 장미 로션과 장미 립밤을 선물한다. 그래도 여전히 그의 가방에는 수십 개의 같은 제품이 남아 있다.

그랜드 부다페스트 호텔은 아니지만, 복층으로 된 예쁜 숙소다. 숙소비를 대신해서 헝가리의 대표 음식 굴라시를 사줬는데 숙소비만큼 나왔다. 굴라시를 먹고 홍콩 디제이 소녀는 불나방

부다페스트의 시장 전경.

처럼 돌아다니다 새벽에 돌아왔다. 숙소에서 머무는 내내 소녀
는 새벽이 되야 숙소로 돌아온다. 밤에 뭐하느라 늦게 오는지
궁금해 물었더니 클럽에 다닌다고 한다. 부럽다. 이 청춘!

케이푸드를 팔아라

부다페스트Budapest 도심에서 조금 벗어난 곳에 아시아 제품을 파는 센터가 있다. 아시아 센터에는 야심차게 진출한 케이푸드K-Food 숍도 있다. 제품 구성도 매장 위치도 나쁘지 않았지만 매대 구성이 꽤나 볼품없다. 듬성듬성한 빈 공간은 진열대에 놓여 있는 제품마저 초라하게 만든다.

여행하며 정부의 예산이 지원되고 있는 많은 곳을 방문했다. 정부에서 어떻게 중소기업의 해외 진출을 지원하는지 직접 보고 싶었다. 해외 진출에 대한 한국의 의지는 그 어느 나라 못지않게 열정적이고 공격적이다. 다만, 지원된 정책과 예산이 어떻게 집행되는지 확인하는 절차를 꼼꼼히 해야 할 필요성이 있다고 보인다.

해외에 한국 제품을 갖다만 놓는다고 팔리는 시대가 아니다.

그리고 삼성, 현대, 엘지를 제외하면 한국 제품이 그 정도의 브랜드 인지도가 있는 것도 아니다. 브랜딩이 되지 않은 제품을 대충 선반 위에 올려놓은 것은 예산 집행에 급급한 탁상행정에

아시아 센터.

케이푸드 숍.

불과한 정책이라는 평가를 면하기는 어렵다. 고객의 눈은 높아
졌고 다른 제품과의 비교는 까다로워졌다.

그래도 헝가리까지 진출해 있는 케이푸드 숍을 위해 좋은 면
을 찾아보고 싶었지만 아쉽게도 칭찬할 수 있는 부분이 없었
다. 전문가가 아닌 내가 봐도 짜임새가 엉성한 느낌이 든다. 예
산이 부족했다면 차라리 이런 사업은 진행하지 않는 게 어땠을
까 한다. 억지로 차려놓은 밥상 같은 인상을 준다. 상점에 제품

을 납품하는 기업에서 직접 본다면 분명 나와 같은 마음이 들었을 것이다.

누군가 나에게 '케이푸드를 팔아라!'라는 특명을 내려준다면 과감하게 번화가에 있는 상점을 임대부터 할 것이다. 자금이 부족하다면 작은 평수라도 상관없다. 그리고는 데일리 푸드라는 콘셉트로 매일매일 다른 제품을 시연하면서 제품을 프로모션 할 것이다. 음식은 코와 눈과 입을 동시에 자극시킨다. 한 번 맛본 음식은 잊지 않는다. 그래서 맛을 알리는 것이 매우 중요하다. 여행자들이 고국의 음식을 찾는 이유는 맛에 길들여져 있기 때문이다. 고객이 콜라를 선택하는 이유는 이미지와 맛에 길들여져 있기 때문이다. 케이푸드를 팔려면 맛을 알리면서 팔아야 한다. 제품만 덩그러니 쌓아놓는다면 팔리지 않을 것이다.

인테리어도 음식에 맞춰 기획할 것이다. 케이푸드 숍은 캐주얼한 상점으로 시장에 접근하는 것이 좀 더 효율적으로 보인다. 유럽의 거리를 걷다보면 들어가고 싶을 정도로 인테리어가 잘된 상점들이 넘친다. 그런 상점을 벤치마킹해도 좋을 것 같고 한국적 디자인을 어필할 것이라면 세련미를 더해야 하지 싶다. 케이푸드를 멋들어지게 팔아보고 싶다.

영국 UNITED KINGDOM

—

이야깃거리가
가득한 나라

골목을 채우는 도시의 이야기

밤이 깊어질 때 템스 강변을 따라 야경을 구경했다. 정처 없이 걷다 문득 인적 드문 골목에 있음을 깨달았다. 조금은 으스스한 거리, 마치 누군가 내 달그림자를 쫓는 듯하다.

"1888년 8월 31일 금요일 매춘부가 목이 찔려 살해되다."

이것이 공식적으로 알려진 잭 더 리퍼의 첫 번째 사건이다. 참혹한 살인 사건이라는 점도 독특했지만 최강 대국이던 영국 런던의 한복판에서 극장형 범죄가 발생한 것이 세계의 이목을 끌어 유명세를 타게 되었다. '잭 더 리퍼 흔적 찾아 걷기'는 살인마 잭의 범행 현장을 늦은 밤에 투어하는 상품이고, '셜록 홈즈 걷기'는 책 배경이 된 사건 장소를 찾아가는 상품이다. '스파이와 방첩대원의 런던'은 템스강에서 영화 〈007 시리즈〉의 제임스 본드가 되어 보는 프로그램이다. 영국에 대한 환상이라든가 동경은 없지만, 창의적인 여행 상품은 깊은 인상을 남겼다. 테마를 만들어 도심 구석구석을 소개하는 투어 상품도 여행자에게 그 도시를 사랑하는 이유를 만들어준다.

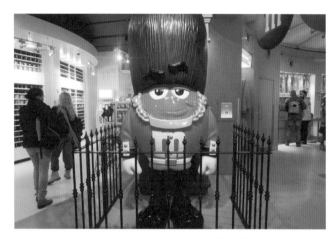

런던 엠앤엠M&M's 매장 내부 모습.

　개인적으로 런던이 인근 다른 도시들보다 특히 아름답다고
느껴지지는 않았다. 런던의 템스강이 아름답다고 하지만 헝가
리의 부다페스트 다뉴브강에 비할 바는 아닌 듯했다. 트램을
타고 다뉴브 강변을 지날 때 건축물에서 튕겨나오는 불빛들을
잊을 수 없다.

　영국을 흥미롭게 만든 건 하드웨어보다 소프트웨어였다.

템스강과 런던 아이.

스토리가 있는 여행이 더욱 즐겁게 느껴진다.

인생학교에서 말하는 섹스

알랭 드 보통을 중심으로 삶에서 마주하는 질문을 다양한 콘텐츠로 풀어내는 '인생학교 The School of Life'라는 것이 있다. 국내에도 번역된 《인생학교》 시리즈를 흥미롭게 읽었다. 그래서 영국에 가게 되면 인생학교 프로그램을 듣고 싶었다. 가격대를 보니 제법 비싸다. 어차피 알아듣지도 못할 영어 강의이기에 낮은 가격대의 강좌 하나를 골랐다. 제목은 'Love And Sex'다. 20파운드(약 35,500원)로 로저 스크러턴이라는 철학자가 강의를 한다.

특이하게 강의하기 전에 레크리에이션 강사가 오프닝을 한다. 그 강사가 기타를 메더니 다 같이 노래 한 곡을 부른다. 이 평화로운 분위기는 뭐지? 순간, 여름 성경학교에 왔나 착각을 했다. 그리고 주요 강사가 나와 50분 정도 강의하고 30분 정도 질의응답 시간을 가졌다.

영어를 잘 알아듣지는 못하지만 섹스라는 단어가 들릴 때마

인생학교 강의 모습.

다 귀가 쭈뼛 섰다. "섹스" "섹스" "섹스"라는 단어만으로도 의지와 무관하게 눈은 초롱초롱해졌다. 청년이든 노인이든 쭈뼛거리지 않고 섹스에 관한 질문을 쏟아냈다. 청소년의 섹스, 자위, 노년의 사랑 등에 대해서 많은 질문을 했던 것으로 추정된다. 강의가 끝나자 다시 레크리에이션 강사가 나와 노래를 부르며 다시 평화로운 분위기가 연출되고 행사는 마무리된다.

인생에서 사랑과 섹스는 끊임없이 질문을 던지고 확인하는 과정을 거친다. 새로운 사람을 만나면 또 다시 질문이 반복되지만 쉽게 답을 얻을 수 있는 것은 아니다. 인생학교에서 남녀노소가 사랑과 섹스에 대한 이야기를 자유롭게 하는 모습이 인상적이었다.

감추지 말고 말하라, 그리고 너의 존재를 탐하라.

이것이 이번 강의가 나에게 준 메시지였다.

조앤 롤링의 상상력이 만들어낸 세상

마을에는 이야기꾼이 하나씩 있기 마련이다. 어려서부터 동네에서 탁월한 이야기꾼으로, 지어낸 이야기를 친구들에게 들려주었던 소녀가 어른이 되어 책을 썼다. 한 권의 책으로 평범한 싱글맘이었던 사람이 베스트셀러 작가가 되었다. 바로 《해리포터》 시리즈의 탄생 비화다.

《해리포터》 시리즈는 300조가 넘는 경제적 가치를 창출했다. 신드롬을 일으킬 정도로 인기가 높아지면서 소설은 영화로 만

해리포터 스튜디오 내부.

들어지고 각종 캐릭터는 상품이 되었다. 급기야 해리포터 스튜디오까지 사업을 확장하게 되었다. 비록 책은 읽지 못했지만 영화를 몇 편 재미있게 본 기억이 있다. 영국에 오면 꼭 가보고 싶었던 해리포터 스튜디오를 예매했다.

셔틀버스를 타고 해리포터 스튜디오로 갔다. 바로 입장하는 게 아니라 일정 인원이 모이면 가이드와 함께 입장하는 방식이었다. 가이드는 세 번째 공간까지 함께 이동한다. 가장 인상적인 부분은 두 번째 공간과 세 번째 공간의 사이였다. 두 번째 공간은 극장 형태의 공간인데 〈해리포터〉 영화를 짧게 보여준다. 영상의 마지막 부분은 호그와트 학생식당이 나오고 화면이 멈춘다. 그 상태에서 불이 켜지면서 스크린이 올라간다. 그리곤 영상의 화면과 똑같은 공간이 펼쳐진다. 순간! 입이 벌어지며 모두가 환호성을 질렀다.

호그와트 학생식당을 그대로 연출해놓았다. 마치 내가 〈해리포터〉 영화 속 호그와트에 온 기분이 들었다. 〈해리포터〉 영화를 처음 봤을 때의 그 설렘이 되살아났다. 첫인상이 너무 강렬해 스튜디오 내부 프로그램들을 엄청 기대했다. 하지만, 마법 같이 재미있는 프로그램이 많을 것이라는 생각과는 다르게 조금은 기대에 미치지 못했다. 해리포터 스튜디오는 테마파크가 아닌 말 그대로 해리포터 스튜디오다. 해리포터가 어떻게 만들어지고 소품들에 어떤 기술이 들어갔는지를 주로 소개한다. 사람마다 차이가 있겠지만 내 기준에 해리포터 스튜디오는 테마파크보다는 박물관에 가깝다. 오락적 요소가 가미 되었더라면 더욱 재미있었을 것 같다. 영화에 대한 설명만으로는 만족을 채워주지 못했다. 하지만 꼬마들에게는 이곳이 천국인가 보다. 지팡이를 들고 뛰어다니고 곳곳에서 사진 플래시가 연신 터진다.

스톤헨지를 방문한 산타클로스 일행

아! 늦었다. 오전 8시 20분까지 픽업 장소로 가야 하는데 일어나니 8시다. 나는 간혹 중요한 일정이 있는 날 기절한 듯 잠에서 못 일어나는 경우가 있다. 마지막 픽업 장소를 확인하니 9시 15분 해머스미스Hammersmith 지역이다. 문제는 정확한 픽업 포인트는 본인이 선택한 장소에 한해 메일로 보내기 때문에 해머스미스의 정확한 픽업 포인트를 모른다는 것이다. 부리나케 여행사로 전화하니 주말이라 연결이 되지 않는다.

세수도 하지 않고 지하철역으로 뛰었다. 지하철 내부에서는 인터넷이 안 된다. 머리야, 제발 일해라. 재빨리 다른 방법을 찾아보자. 그래도 이 속도라면 10분 일찍 그 지역에 도착할 것 같다. 정확한 픽업 포인트만 알면 탈 수 있지만 픽업 포인트를 몰라 답답하다. 이렇게 애만 태우고 발을 동동 굴렀다. 구글로 앤더슨 투어와 해머스미스를 조합해 검색을 하니 어떤 호텔이 나온다. 호텔을 지도로 검색하고 뛰기 시작했다. 9시 15분까지 7분밖에 남지 않았다. 투어비용 7만 원을 날릴까 봐 숨도 쉬지 않고 달렸다. 저 멀리 떠나기 직전인 미니버스가 보인다. "잠깐만요!"라고 소리 질렀다. 겨우 버스에 안착했다. 믿는 신은 없지만 이럴 땐 신에게 감사하다. 버스에 오르고 서서히 긴장이 풀리더니 잠들었다. 2시간이 걸려 스톤헨지가 있는 지역에 도착했다. 바람이 상당히 세다.

넓은 초원 위에 덩그러니 있는 돌 몇 덩이를 보기 위해 꼬리에 꼬리를 물고 사람들의 발길이 이어졌다. 스톤헨지를 한 바퀴 돌자 우스꽝스러운 복장의 사람들이 몰려온다. 투어 이벤트인 줄 알았지만 그들은 드루이드교 사제들이다. 며칠 동안 같이 생활 해보고 싶을 정도로 호기심을 끄는 무리다. 한번 저 행렬

스톤헨지를 방문한 드루이드교.

드루이드교 무리를 따라서.

을 따라가보자.

그렇게 그들의 마지막 꼬리 행렬에 붙어서 다시 스톤헨지로 향했다. 드루이드교 사제들은 스톤헨지 내부까지 들어갈 수 있는지 걸음을 멈추지 않았다. 바리케이드 앞에서 안전요원이 나를 막아섰다. 행색을 딱 보아 나는 드루이드교 사제가 아닌 게 티가 나는가 보다. 드루이드교는 스톤헨지를 한 바퀴 돌더니 안으로 들어간다. 돌들에 가려 자세히 볼 수는 없었지만 종교의식을 진행 중인 듯하다. 세상에는 참 다양한 믿음의 방식이 존재한다.

모로코 MOROCCO

—

10년 후가 기대되는
15세 꼬마 사장

미노타우로스의 미궁으로 떠난 색의 여행

모로코 마라케시Marrakesh에 도착하자마자 신고식을 했다. 숙소를 찾아가는 길에 키 큰 꼬마 녀석이 20미터도 안 되는 거리의 숙소를 안내하더니 1달러를 달라는 것이다. 됐다고 하니 돌아오는 건 유들유들한 혀를 타고 나오는 욕 세례였다. 꼬마 녀석이 어찌나 영어를 잘하던지 꾸준히 어학을 공부하기를 빌어줄 뿐이다.

모로코는 양으로 모든 것을 해결한다. 주식으로 양고기를 먹고 양털로 카펫과 의류를 만들고, 양가죽으로 가죽 제품을 만들어 판매하고 있다. 양가죽은 부드럽지만 내구성이 약한 특징을 갖고 있어 주로 장갑, 모자, 슬리퍼 재료로 사용된다고 한다. 양을 먹고 양을 입고 양을 수출하는 모로코는 양에 대한 의존도가 높다.

직접 손으로 뜬 모자가 20디르함(약 2,500원)다. 이렇게 쌀 수가 있나? 모자 뜨는 모습을 직접 보니 이건 말도 안 되는 가격이라는 생각이 들었다. 생활물가를 어림짐작해 보아도 이건 턱없이 낮게 책정된 가격이다. 협상으로 가격을 깎을 수도 있었지만 원래 불렀던 가격에 모자를 하나 샀다. 모자의 품질을 보면

형형색색의 마라케시 신발 상점.

20디르함도 부족한 금액이다. 모로코의 모자 시장을 보며 공정무역이 생각났다. 공정무역의 대표적인 품목은 커피다. 커피는 '아프리카의 눈물'이라 불릴 정도로 노동력 착취가 심해 많은 공정무역이 생겨났다. 시장을 다니다보면 도움이 절실히 필요한 곳들이 보인다.

모든 것이 매력적인 마라케시 시장은 빛도 인상적이다. 걸을 때 구멍 뚫린 지붕 틈으로 쏟아져 내려오는 빛, 골목에 흩날리는 먼지에 의해 산란되는 빛, 염색된 실이나 가죽에서 튕겨 나오는 빛, 그렇게 마라케시의 빛을 쫓아다녔다. 황홀한 빛 잔상의 여운이 길게 남았다.

닭볶음탕과 커피를 파는 15세 꼬마 사장

단골 레스토랑으로 향했다. 길을 잃어 우연히 발견한 곳이다. 여기에 15살 꼬마 사장이 상당히 매력적이다. 매번 길을 잃어야만 찾을 수 있는 곳이었기에 지금도 그곳이 정확히 어디에 있는지 모른다. 오늘도 닭볶음탕 비슷한 요리와 커피를 주문했다. 닭볶음탕 요리에는 빵도 한 조각 나오는데 양념에 찍어 먹으면 제법

◀ 양가죽 전통
신발 도봇 장수.
▶ 양털로
직접 짠 모자.

닭볶음탕과 커피를 파는 15세 꼬마 사장.

맛있다. 재료만 다를 뿐이지 헝가리의 굴라시와 비슷한 맛이다. 그래도 며칠 봤다고 말하지 않아도 국물이 부족하면 채워주고 빵을 더 주기도 한다.

후식으로 주문한 커피를 마시며 꼬마 사장과 이런저런 이야기를 했다. 여유 있는 행동이나 말투에서 어른처럼 느껴진다. 장사 기질이 뛰어난 성인으로 봐도 무색할 정도로 수완도 뛰어나다. 15세라는 나이에 어떻게 이렇게 능숙한 손님 응대를 하는지…. 재능이 부러운 친구다. 내일 페스를 떠난다고 하니 골목까지 나와 손을 흔들어주며 "인샤알라(신의 뜻대로)"라고 인사를 건네 보낸다. 10년 후 꼬마 사장의 모습이 궁금하다.

오디세우스 여정에 버금가는 드래드록 여정기

살아가면서 이때가 아니면 힘든 것들이 있다. 이전의 나와는 다르게 행동하는 것이 이번 여행의 계획이다. 그 리스트 중 하나가 바로 드래드록이었다. 모로코에서 드래드록 도전 과정은 오디세우스의 머나먼 여정과도 같았다.

영화 〈오직 사랑하는 이들만이 살아 남는다〉를 통해 모로코 탕헤르Tanger가 궁금했고 가보지도 못한 곳이었지만 그리웠다. 왠지 몽환적인 탕헤르는 드래드록과 잘 어울릴 것 같아 탕헤르에 가기 전에 드래드록을 하기로 결정했다.

첫 번째 시도는 카사블랑카Casablanca에서였다. 21세기형 히피 친구들이 드래드록을 해주기로 한 것이다. 스모킹과 드링킹을 하며 5가닥을 엮는 데만 3시간 30분이 걸렸다. 그마저도 새벽 4시가 되자 더 이상은 졸려서 안 되겠다며 침대로 향했다. 다음 날 아침에 떠날 것이라고 미리 말했음에도 무책임하게 히피 친구는 침대로 스며들었다.

다음 날 아침, 여전히 자고 있는 친구를 차마 깨우지 못했다. 미처 마무리 손질하지도 못한 머리 그대로 조용히 문밖을 나섰다. 그리고는 카사블랑카 시내에 있는 마켓으로 향했다. 그 마켓 공터에는 세네갈 출신의 스트리트 헤어 디자이너들이 몰려 있다. 마치 갱스터 무리처럼 보이는 그녀들에게 다가가 드래드록을 부탁했다. 몇몇은 슬슬 피하더니 한 명의 스트리트 헤어 디자이너가 따라오란다. 그녀와 도착한 곳은 식당이었다. 그렇게 식당에서 드래드록을 하게 되었다. 내 생김새가 신기했는지 세네갈 여성들이 식당을 들랑대며 나를 처다본다. 그녀들은 기본적으로 흥이 있는 듯했다. 텔레비전에서 흘러나오는 음악에 맞추어 트월킹을 춘다.

내가 재미있는 듯 웃음을 보이자 세네갈 여성 한 명이 내게로 다가와 손을 뻗으면 닿을 거리에서 흥에 젖어 트월킹을 춘다. 이미 엉덩이는 몸과 분리돼 따로 놀고 있었다.

그때, 흥겨움에 제멋대로 몸을 움직이고 말았다. 그리곤 헤벌쭉 박수를 쳤다. 나도 같이 일어나 답 춤을 했어야 하는데 촌스럽게 물개박수만 쳐준 것이다. 그날의 바보같음은 침대에 누워

이불킥을 하게 했다. 그렇게 멍하니 식당 텔레비전을 보면서 장장 3시간에 걸쳐 머리를 했다. 머리를 보고는 나는 절망에 빠졌다. 제대로 된 드래드록이 아니라 평범하게 땋은 머리였다. 두 번째 도전도 실패했다.

세상은 참 즐겁다. 페스의 메디나Medina of Fez의 골목을 돌아다니는데 누군가 나를 불러 세운다. 보통 때였으면 그냥 무시하고 지나쳤을 테지만 내 이름을 부른다. 기겁할 정도로 놀랐다. 모로코의 페스에서 누군가 내 이름을 부른다는 건 상상도 해볼 수 없는 일이기 때문이다. 나를 알아본 건 페스에 오기 전 카우치서핑으로 메시지를 보냈던 친구였다. 그가 나를 불러 세운 것이다. 그와 이런저런 이야기를 하다가 그의 친구가 드래드록을 할 줄 안다고 한다. 이렇게 반가울 수가.

또 다시 쥐어뜯는 고통이 시작되었다. 흑인의 곱슬머리라면 살짝 꼬기만 하면 되지만 나와 같은 생머리는 머리카락의 결을 망가트려 얽히게 해야 한다. 그 고통이 심해 눈물이 찔끔찔끔 밀려 나온다. 4시간이 흘러 드디어 내가 그리도 원하던 드래드록을 완성했다. 풍성하게 된 머리를 차분히 가라앉히고 좀 더 머리를 떡지게 만들려면 비누를 손에 묻혀 머리에 비벼야 한다.

드래드록인 줄 알았는데 땋은 머리라니!

드디어 드래드록을!

그렇게 나는 시간이 날 때마다 볕 좋은 공터로 나가 비누를 손에 묻히고, 새끼를 꼬듯 기다랗게 내려온 머리를 비볐다.

드래드록을 하기 위한 과정은 길고 험난했다. 그런데 허무하게도 일주일 후 삭발하게 되었다. 그 이유는 우선 등까지 내려온 드래드록이 너무 무겁고 더웠기 때문이다. 가장 불편한 건 잠잘 때이고 그냥 불편할 때는 샤워할 때, 옷 입을 때, 세수할 때, 더울 때, 모든 때다. 또 드래드록을 한 뒤로 마리화나 딜러들이 더 달라붙는다. 그리고 현지인들의 제대로 떡진 드래드록을 보니 왠지 내껀 모조품처럼 보였다. 그래서 덥기도 하고 해서 일주일 만에 시원하게 삭발을 했다.

◀ 드래드록
완성 모습.
▶ 드래드록을
삭발한 후.

베트남 VIETNAM

—

좌절된 컵 빙수 동업

새콤달콤한 컵 빙수 사업을 위해 점포 찾기

인생은 미완성으로 끝난다. 언제 끝날지 모르고 죽음을 앞두고서야 이게 마지막이란 것을 깨닫는다. 준비되지 않은 창업은 실패한다는 말이 있다. 이 말에 동의하지는 않는다. 역으로 답하면 이 말이다.

완벽히 준비된 창업은 없다.

물론 창업 전에 위험 요소를 줄이기 위한 사전활동은 필요하다. 하지만 성공한 분들을 봐도 모든 대비가 되지 않은 상태로 시작한 경우도 많다. 완벽한 대비보단 위기 상황이 닥쳤을 때 변화할 자세가 필요하다.

두 명의 파트너와 함께 베트남에서 컵 빙수를 팔기로 결정했다. 한 명은 한국인이고 한 명은 베트남인이다. 지분은 공평하게 3분의 1로 나눈다. 하지만 각각 맡은 영역이 다르다. 나와 한국인 파트너는 창업 비용을 책임지고, 베트남 파트너는 판매와 운영을 맡기로 했다. 창업 비용 600만 원으로 시도한 사업이라 부담감이 있지만 사업이 실패해도 한국인 파트너와 나는 투자

베트남식 빙수.

비 이상의 경험이 쌓일 것을 판단했기에 과감하게 출발했다.

　문제없이 진행될 것 같았던 사업이었지만 예상 외로 신경 쓰이는 부분이 많았다. 다른 문화권의 사람과 일을 함께한다는 것은 그 나라의 문화에 대한 이해가 선행되어야 함을 간과한 것이다. 문화 차이로 인한 삐거덕거림으로 베트남 파트너와 다툼이 생겨 감정적으로 포기하고 싶은 상태가 되었다. 사업을 접을 생각을 하고 미리 한국 파트너에게도 말을 해두었다. 그래도 오해가 있었을지 모르니 오해를 풀고자 베트남 파트너와 장시간 대화를 했다. 그러면서 베트남 파트너의 사업에 대한 애정과 노력을 알게 되고, 오해로 꽁꽁 묶었던 마음의 쇠사슬이 스르르 풀렸다. 사업을 접겠다는 생각은 대화 이후에 잠시 접어뒀다.

며칠 후 이마트 같은 대형마트의 숍인숍을 찾았다고 해서 점포를 보러 갔다. 약간 외곽에 있지만 유동인구는 정말 많았다. 매장의 위치를 확인하고 매장이 잘 보이는 곳에 앉았다. 그리고 베트남 파트너에게 몇 가지 질문을 했다.

"왜 이렇게 여기에 유동인구가 많은 건가요?"

"이곳은 호치민의 외곽이긴 하지만 출퇴근길이라서 사람이 많이 몰려요."

"그런데 왜 이 마트에 사람들이 많이 올 것이라고 생각하세요?"

"퇴근길에 장 보기가 좋고요, 동네 주민분들이 주말엔 시내까지 가긴 머니까 가족들이 아이들과 이곳에 와서 주말을 보내곤해요. 봐봐요, 여기 마트의 푸드 코트가 입지로 딱이라니까요."

입점하려던 마트 내부 모습.

'아, 그렇구나!' 하면서 고개를 연신 끄덕였다. 임대할 공간은 한 평이 조금 넘을 정도로 작지만, 옆에 오락실이 있다. 오락실이 있다는 것은 컵 빙수를 좋아할 아이들이 많다는 뜻이다. 컵 빙수가 그들의 손에 들려 있는 모습을 상상했다. 상상만으로도 짜릿하다. 이 맛에 창업을 계속 도전하게 되는 것 같다. 점점 이곳이 마음에 든다.

주변 상권 조사도 할 겸, 경쟁 상대가 될 만한 옆 건물로 들어갔다. 맨 위층에는 극장이 있고 1층과 2층에는 우리가 입점하려는 마트보다 더 큰 마트가 입점해 있었지만, 푸드 코트가 작다. 시원한 곳에서 부담 없이 음식을 사 먹고 앉아서 수다를 떨기에는 입점하려는 마트의 푸드 코트가 더 쾌적해 보였다.

베트남에 있는 빙수 가게도 찾아다니며 시장조사도 어느 정도 마쳤다. 제품의 차별성과 시장 진입과 확장에 이르는 전방위적인 사업계획을 마무리해나갔다.

제품 가격은 맥도날드의 사이드 메뉴와 현지에서 주로 팔리는 간식 가격을 참고하였다. 빙수기와 냉장고까지 구매해놓았다. 마지막으로 대형마트 관리자와 입점 일자를 두고 고민하던 시기였다. 하지만 우리의 바람은 이뤄지지 않았다. 개업을 목전에 두고 모든 일은 허무하게 어그러졌다. 그동안 쌓였던 현지 파트너와의 신뢰가 완전히 무너지고, 감정의 침전물이 터져 나왔다. 조금만 양보하면 이해할 수 있는 부분임에도 대화의 장벽은 높아만 갔다. 결국 베트남 사업에서 나는 빠지기로 했다. 중심축이었던 내가 빠지자 사업은 한순간에 허물어졌다. 돌이켜보면 아쉬운 점이 많다. 그때 조금만 더 차분하게 진행을 했더라면 즐거운 프로젝트가 되지 않았을까 미련이 남는다. 도시 정복을 꿈꾸며 베트남 시장을 공략했지만 1차는 실패다. 그렇

발아래 놓인 호치민의 모습.

지만 충분히 의미 있는 도전이었다.

베트남을 떠나는 날, 비행기 창 아래로 호치민Ho Chi Minh이 보인다. 이상하게 발아래 놓여 있는 애증이 뒤섞인 호치민이 내 것 같다는 망상을 하게 된다. 꿈을 좇는 내게 망상은 또 다른 즐거움이다. 어쩌면 호치민에 다시 돌아올지도 모른다. 내 여행은 끝이 아니라 시작이다.

소명을 다해 타들어가는 촛불처럼 창업여행 종료

영화 〈손님은 왕이다〉는 묻히기엔 아까운 영화다. 극중 삼류 배우로 살던 주인공이 배우로서의 소명을 다하며 소삭하는 이야기다. 살아가면서 누구나 소명을 다해야 하는 순간이 온다. 그 소명을 찾아가는 것이 인생이다. 내 세계 일주의 소명은 비록 설익은 내용일지라 해도 내가 보았던 세계의 이야기를 후배들에게 들려주는 것에 의의가 있다고 생각한다. 내가 했던 여행의 방식이 누군가에게는 재미없는 다큐처럼 보일 수도 있겠지만, 누군가에게는 하나의 길이 되기를 희망한다.

세계 이곳저곳을 다니며 많은 것을 보고 듣고 느끼며 겸손해지는 법을 배웠다. 하루하루 커가며 푸른 하늘에서 날갯짓을 할 누에나방이 되기 위한 준비를 해왔다. 그 이전에 꼭 거쳐야 하는 과정이 누에고치다. 가느다란 실을 뽑아내며 누에나방이 되기 위한 고치를 지어야 한다. 혹독하고 고통스러운 누에의 삶은 5령이 지나 고치를 벗어날 때에 아름답고 하얀 날개를 가지고 완성된다. 다시 말하지만 내 여행은 끝이 아니라 시작의 길목이다. 누에가 날개를 갖기 위해 번데기가 되는 것처럼 나의 세계 일주 3년도 나를 단단하게 하는 과정이었다. 창업여행 종료, 인생여행 시작!

하노이 올드 쿼터 풍경.

에필로그

추운 겨울이었다. 옷깃을 파고드는 겨울바람은 나를 흔들어놓고 누군가 멀리 떠나 시련당한 사람처럼 공허함이 밀려왔다.

'떠나볼까?'

일이 힘들어서는 아니고 삶이 괴로워서도 아닌데 가끔 이런 생각이 든다. 때론, 갑갑한 삶을 향해 시원하게 욕을 쏟아내고 싶기도 하다. 그럴 때 떠오른 것이 여행이었다. 그동안 내 마음 한편에 자리잡고 있던 갈망이 때때로 불쑥불쑥 솟구쳐 올라온다. 하지만 이번엔 여느 때와 다르다. 정말 이때를 놓치면 안 될 것 같은 예감이 든다. 그렇게 일상에서 용해되지 못한 갈증은 마침내 수면 위로 떠올랐다.

달력을 보니 더 이상 미룰 수 없음을 알게 되었다. 방심한 사이 시간은 너무나도 빠르게 흘러간다. 기다려주지도 멈춰주지도 않는다. 누구에게나 한번은 죽음을 맞이할 날이 온다. 그날에 아쉬움이 남지 않도록 하기 위해서라도 가슴 뛰는 여행을 떠나고 싶다. 그래서 비행기 티켓을 끊었다.

한국을 떠날 당시 거창한 목표는 없었다. 솔직히 '해외 창업을 해야겠다!'라는 굳은 결심은 여행을 하면서 선명해진 목표다. 일단 떠나고 싶었고 이유가 필요했기에 창업여행을 붙여놓았다. 늦은 나이에 3년이라는 긴 시간 동안 여행을 가기에는 적절한 핑계가 필요했던 것 같았다. 명분이 되어준 건 이전 직장에서 해외 시장조사와 수출을 희망하는 중소기업의 전략 로드맵을 제안하는 업무를 담당했던 점이다. 때문에 '해외 창업에 도전하는 여행'이라는 목표가 어렵지 않게 나온 것 같다.

그리고 여행을 시작하며 새로운 다짐을 했다.

'이전의 나와는 다르게 행동하자.'

이 한마디의 작은 날갯짓이 여행 전체를 폭풍우처럼 뒤흔들어 놓았다. 이 다짐은 평소였으면 피했을 많은 경험을 흔쾌히 받아들이는 아량을 주었고 나를 울고 웃게 만들었다. 술에 취해 내일 일을 잊기도 하고 미녀의 품에 안겨 밤새 춤을 춘 날도 있다. 현지인과 싸워 눈이 퍼렇게 되기도 하고 콜롬비아의 슬럼가에서 민박을 운영하기도 했다. 여행을 하며 어렴풋했던, 어쩌면 그냥 내걸어 놓았던 변명이 실제가 되어갔다.

《젊은 베르테르의 슬픔》으로 유명한 독일 작가 괴테는 배움을 목적으로 이탈리아로 여행을 떠났다. 이 여행은 훗날 그의 문학과 철학에 지대한 영향을 줬다. 《이방인》을 쓴 알베르 카뮈는 미국과 남미를 여행한 감정을 집필의 단초로 사용했다. 조선 후기 실학자인 박지원은 청나라를 다녀와 《열하일기》를 썼다. 중국의 선진 문물을 보고 당시 조선의 현실에 대한 고민을 담았다. 여행을 좋아하는 모차르트는 오스트리아 빈에서 만난 하이든과 그의 음악을 접하면서 교향곡 창작에 영감을 얻었다고 한다. 현대로 넘어오면 아이폰의 스티브 잡스와 투자계의 거물인 짐 로저스 또한 삶 속에 여행이 있는 사람들이다.

　이들의 공통점은 여행을 통해 삶의 전환점을 맞은 것이다. 여행은 단순한 여가 활동이 아니라 밑거름으로 삼을 수 있는 풍부한 자양분이다. 여행에 목적이 있어도, 없어도 좋다. 하지만 나처럼 삶의 기로에 선 사람들의 여행이라면 어떻게 해야 좋을지 물음을 던져봤다. 이 책은 그 물음의 보고다.

세계 창업 방랑기

ⓒ 정윤호, 2019

초판 1쇄 인쇄일   2019년 4월 2일
초판 1쇄 발행일   2019년 4월 9일

지은이   정윤호
펴낸이   정은영
편집   고은주 한지희
디자인   한수영
마케팅   이재욱 백민열 이혜원
제작   박규태

펴낸곳   꿈지락
출판등록   2001년 11월 28일 제2001-000259호
주소   04047 서울시 마포구 양화로6길 49
전화   편집부 (02)324-2347, 경영지원부 (02)325-6047
팩스   편집부 (02)324-2348, 경영지원부 (02)2648-1311
이메일   spacenote@jamobook.com

ISBN 978-89-544-3978-7 (03320)

• 잘못된 책은 구입처에서 교환해드립니다.
• 저자와의 협의하에 인지는 붙이지 않습니다.
• 꿈지락은 "마음을 움직이는(感) 즐거운(樂) 지식을 담는(知)"
  ㈜자음과모음의 실용 에세이 브랜드입니다.

이 도서의 국립중앙도서관 출판시도서목록(CIP)은 서지정보유통지원시스템 홈페이지
(http://seoji.nl.go.kr)와 국가자료공동목록시스템(http://www.nl.go.kr/kolisnet)에서
이용하실 수 있습니다.(CIP제어번호: CIP2019010459)